EDITION Leidfaden
Hrsg. von Monika Müller

Die Buchreihe *Edition Leidfaden* ist Teil des Programmschwerpunkts »Trauerbegleitung« bei Vandenhoeck & Ruprecht, in dessen Zentrum seit 2012 die Zeitschrift »Leidfaden – Fachmagazin für Krisen, Leid, Trauer« steht. Die Edition bietet Grundlagen zu wichtigen Einzelthemen und Fragestellungen im (semi-)professionellen Umgang mit Trauernden.

Norbert Mucksch

Frieden schließen
Die Bedeutung der Versöhnung
in der Trauerbegleitung

Mit einem Vorwort von Klaus Onnasch

Vandenhoeck & Ruprecht

Mit einer Abbildung

Bibliografische Information der Deutschen Nationalbibliothek
Die Deutsche Nationalbibliothek verzeichnet diese Publikation in der
Deutschen Nationalbibliografie; detaillierte bibliografische Daten sind
im Internet über http://dnb.d-nb.de abrufbar.

ISBN 978-3-525-40285-6

Weitere Ausgaben und Online-Angebote sind erhältlich unter: www.v-r.de

Umschlagabbildung: © Norbert Mucksch

© 2017, Vandenhoeck & Ruprecht GmbH & Co. KG,
Theaterstraße 13, D-37073 Göttingen /
Vandenhoeck & Ruprecht LLC, Bristol, CT, U.S.A.
www.v-r.de
Alle Rechte vorbehalten. Das Werk und seine Teile sind urheberrechtlich
geschützt. Jede Verwertung in anderen als den gesetzlich zugelassenen
Fällen bedarf der vorherigen schriftlichen Einwilligung des Verlages.
Printed in Germany.

Satz: SchwabScantechnik, Göttingen
Druck und Bindung: ⊕ Hubert & Co GmbH & Co. KG,
Robert-Bosch-Breite 6, D-37079 Göttingen

Gedruckt auf alterungsbeständigem Papier.

Inhalt

Vorwort 7

Einleitung und Hinführung zum Thema 11

Teil I

Die Unausweichlichkeit von Schuld – »Wer von Euch
ohne Schuld ist, der werfe den ersten Stein« 19
Die Unvermeidbarkeit von Verletzungen 22
Versöhnung – eine begriffliche Einordnung 29
   Schuld und Versöhnung – ein Zugang aus
   anthropologischer Sicht 32
   Schuld und Versöhnung – ein theologischer Zugang 35
   Schuld und Versöhnung – ein philosophischer Blick 41
   Schuld und Versöhnung aus dem Blickwinkel der Psychologie ... 43
   Exkurs: Schuld und Versöhnung aus neurobiologischer
   Perspektive 45
Notwendige Differenzierung:
Vergebung – Verzeihung – Versöhnung 47
   Vergebung 48
   Verzeihung 49
   Versöhnung 50

Teil II

Prozesse der Versöhnung – Praxisberichte 53
   Fallbeispiel 1: Späte Versöhnung 54
   Fallbeispiel 2: Versöhnung durch Verstehen (Trauer um den Vater,
   der sich suizidiert hat) 58
   Fallbeispiel 3: Versöhnung mit der unbekannten
   »leiblichen« Mutter nach fast sechs Jahrzehnten 62

Fallbeispiel 4: Versöhnung mit dem emotionsarmen Vater 66
Fallbeispiel 5: Versöhnung mit der eigenen Lebensgeschichte ... 70
Fallbeispiel 6: Der plötzliche Tod eines heranwachsenden Kindes –
sich aussöhnen damit, dass etwas Unversöhntes bleibt 79
Fallbeispiel 7: Die notwendige Fähigkeit zur Versöhnung von
Trauerbegleitenden mit ihrem Tun 82
Abschließende Anmerkung zu den Fallbeispielen 86

Teil III
**Das Thema Versöhnung in der Trauerbegleitung –
konkrete Hinweise für Begleitende** 87
Familiendynamiken als Thema in der Trauerbegleitung 87
Versöhnungsarbeit unter Zuhilfenahme des Mediums Film 90
Nokan – Die Kunst des Ausklangs (Japan 2008) 92
Vergiss mein nicht (Dokumentarfilm, Deutschland 2012) 97
Versöhnung als intergeneratives und transgenerationales Thema ... 99
Neurobiologische Erkenntnisse in der Begleitung trauernder
Menschen in Schuldzusammenhängen nutzen 103
»Der Raum kann nur so weit sein, wie ich innerlich weit bin« –
die Anerkennung von Dualität als unausweichliche Realität der
menschlichen Existenz 110
Trauerbegleitende – verwundete Helfer/-innen 119
Was ist so schlimm an Schuldgefühlen? 121
Ich versöhne mich mit mir – Ich versöhne mich mit der Situation –
Ich versöhne mich mit dir – Ich söhne dich aus 123
Versöhnung bedeutet mehr als »Schuld verstehen« – Versöhnungs-
begleitung als Form spiritueller Wegbegleitung 128
Schuld, Versöhnung und Kongruenz 133

Weiterführende Adressen 134
Dank 135
Literatur 136

Vorwort

In der Begleitung von Trauernden kommt es immer wieder zu der Erfahrung, dass Schuldgefühle eine Bedeutung bekommen, die oft unangemessen groß erscheint. Auch in sehr einfühlsamen Gesprächen lassen sich diese Gefühle oft nicht lösen; das »schlechte Gewissen« lässt sich nicht einfach ausreden. Was steckt hinter einer solchen Dynamik? Wie kann es zu Lösungen und Entlastungen kommen? Wie können diejenigen, die Trauernde begleiten, damit umgehen, dass so stark und oft so langwierig an Schuldgefühlen festgehalten wird?

Chris Paul hat Mechanismen beschrieben, die dazu führen, dass Trauernde oft so beharrlich in ihren Schuldgedanken bleiben: Es geht um Macht, die in der Trauer nicht verloren gehen soll, es geht um Sinn, der durch einen Schuldzusammenhang erhalten bleiben soll, und es geht um Beziehungen zu den Verstorbenen, die durch Schuldbewusstsein weitergeführt werden. Die Methoden, die Chris Paul für die Begleitung in solchen Situationen vorschlägt, sind vorwiegend kognitiv ausgerichtet.

Demgegenüber geht Norbert Mucksch in diesem Buch neue Wege. Für mich sind seine Ansätze im mehrfachen Sinn tiefer und zugleich auch weiter. Er zeigt eindrucksvoll, wie wichtig es ist, neben den Lichtseiten im eigenen Leben auch die Schattenseiten wahrzunehmen und sich mit ihnen auseinanderzusetzen. Durch Schmerzen hindurch können Veränderungsprozesse in Gang kommen, die lähmende alte Muster überwinden. Ein solcher Weg durch die Tiefe kann zu einer Weite führen, in der ich zu einer neuen Beziehung zu mir selbst und auch zu anderen finden kann.

Am Anfang seines Buches nennt Mucksch zwei Grundbedingungen menschlicher Existenz: die Unausweichlichkeit von Schuld und die Unvermeidbarkeit von Verletzungen. Es gehört zu mir, dass ich anderen etwas schuldig bleibe. Ich bin verletzt worden und habe auch andere verletzt. Solche Aussagen könnten bedrücken. Mucksch stellt sie jedoch in einen Zusammenhang, der entlastet und befreit. Ich muss nicht perfekt sein. Ich kann meine dunklen Seiten anschauen und mit ihnen leben. Hier bringt Mucksch den Prozess der Versöhnung ins Spiel. Dieser Prozess eröffnet die Möglichkeit, dass ich mich mit mir selbst aussöhne und auch mit anderen Menschen. Dabei erweitert Mucksch den Begriff »Versöhnung«. War ursprünglich noch »Sühne« Voraussetzung für einen solchen Neuanfang, so wird in seinem Verständnis Versöhnung als Geschenk und Chance erfahren. Versöhnung wird von vielen wissenschaftlichen Aspekten her beschrieben. Mucksch bringt Erkenntnisse aus Psychologie, Anthropologie, Philosophie, Theologie und besonders – noch etwas ungewöhnlich – auch aus der Neurobiologie mit ein. So zeigt er zum Beispiel auf, dass in der Trauer unter dem Cortex liegende Bereiche des limbischen Systems wie Alarmsystem und Belohnungssystem besonders aktiviert sind und rein kognitive Zugänge nur eine sehr begrenzte Wirkung haben. In allem setzt er sich dafür ein, den Blick nach innen zu wenden, die konfliktreichen Prozesse im eigenen Leben wahrzunehmen und sich mit ihnen auseinanderzusetzen.

In dieser Sicht hat mich das Buch besonders angesprochen und berührt, in einzelnen Abschnitten auch ergriffen; das gilt besonders für den sehr lebendigen zweiten Teil mit den sieben Fallgeschichten und deren einfühlsamer Interpretation. Kann ich mich selbst damit aussöhnen, dass etwas Unversöhntes bleibt nach dem Tod eines Kindes (Fallbeispiel 6)? Wie hat mich meine eigene Kriegsgeschichte geprägt mit der Sorge, ob die Verdunkelung durch Rollos bei Fliegerangriffen ausreicht, und mit der Angst im Keller bei der Bombardierung? Wie haben sich diese Erfahrungen ausgewirkt auf das Leben meiner Kinder und meiner Enkel (dazu Fallbeispiel 4)? Diese und andere Fragen haben meine Selbstreflexion vertieft und erweitert. Mucksch sieht in solcher Reflexion eine Voraussetzung dafür, Trauernde in ihren Konflikten authentisch begleiten zu können. Wie ich mich auf mich selbst beziehe, so beziehe ich mich auch auf andere.

Wie ist Versöhnung in der Trauerbegleitung möglich? Sicher ist eine solche Versöhnung kein Ziel, das mit festgesetzten Methoden erreicht und evaluiert werden kann. Auch hier gilt: Versöhnung ist ein Geschenk und eine Chance zugleich. Es kann jedoch die Bereitschaft unterstützt und gefördert werden, dass es zu einem solchen Prozess kommt. Von Seiten der Begleitenden ist dabei eine »personzentrierte Haltung« günstig, wie sie Mucksch in seinem vorangehenden Buch »Trauernde hören, wertschätzen, verstehen« bereits entwickelt hat. Die Methoden, die Mucksch vorschlägt, sind nicht primär kognitiv ausricht, sondern sprechen die Trauernden mit Leib und Seele an, sie können berühren und Wandlungsprozesse in Gang setzen. So können in einer Trauergruppe, in der Vertrauen schon gewachsen ist, Fotos aus dem Leben Verstorbener gezeigt werden und dabei vergangene Zeiten erinnert und vergegenwärtigt werden; von Lichtseiten und von Schattenseiten, die noch belasten, kann erzählt werden. Auch verbindende Symbole können vorgestellt werden, Träume und auch Märchen können mitgeteilt werden (Fallbeispiel 5).

Kann eine Versöhnung mit Verstorbenen geschehen – auch über den Tod hinaus? Es gibt vielfältige Erfahrungen, die darauf hinweisen, dass das möglich ist. Im inneren Dialog lassen sich Gefühle in den Beziehungen aussprechen und verändern. So leiden viele Trauernde oft unter einem »schlechten Gewissen«. Wie kann ich mich wirklich über gute Erlebnisse freuen, wenn der Mensch, den ich verloren habe, das alles nicht mehr mit erleben kann? Hier führt oft die Anregung weiter, sich vorzustellen, was der verstorbene Angehörige dazu sagen würde. Vielfach erhalten Trauernde in einer solchen Vorstellung eine Antwort, die sie ermutigt, ihr eigenes Leben zu gestalten und auch die Freude zuzulassen. Hinweisen möchte ich hier auf neue Erkenntnisse neurobiologischer Forschung, dass wir Zeit unseres Lebens mit eng verbundenen Partnern Spiegelsysteme entwickeln, die auch nach dem Tod weiterwirken. Bewährt hat sich für den inneren Dialog auch folgende Methode, die aus der Gestalttherapie stammt: Der Trauende sitzt einem leeren Stuhl gegenüber. Er stellt sich vor, die Person, um die er trauert, sitzt auf diesem Stuhl. Er spricht zu ihr und gibt dann die Antworten wieder, die er von ihr her wahrnimmt. Auch schwere Konflikte können manchmal in solchem Dialog geklärt und so Versöhnung gefunden werden (Fallbeispiele 1, 2 und 4). Dadurch kann die eigene Biografie neu verstanden werden, zugleich können Zukunftsperspektiven entwickelt werden. Mucksch nimmt spirituelle Traditionen auf, die in Bildern und Symbolen Tiefe und Weite erschließen, so zum Beispiel die Erfahrung, dass der tiefe Abgrund zur heilenden Quelle wird. In der biblischen Tradition heißt es: »Du stellst meine Füße auf weiten Raum.« Manchmal tut es mir gut, dass ich das noch Unversöhnte, nicht Lösbare in mir selbst und in unserer Welt in die Weite stelle.

Insgesamt gibt das Buch Informationen aus vielen Wissenschaftsbereichen und vielfältige praktische Anregungen zu einer reflektierten, authentischen Trauerbegleitung. Darüber hinaus zeigt es Wege, die Grenzen und Möglichkeiten des eigenen Lebens deutlicher zu sehen. Es kann dazu beitragen, mehr Tiefe und Weite im eigenen Leben zu gewinnen. So ist es mir beim Lesen mancher Seiten ergangen, dafür bin ich dankbar. Ich wünsche auch anderen, dass sie dieses Buch mit Gewinn lesen – für sich selber und dadurch auch für andere.

Klaus Onnasch

Einleitung und Hinführung zum Thema

Trauernde Menschen leben vielfach mit unversöhnten Teilen aus der gemeinsamen Lebensgeschichte mit verstorbenen Menschen, seien es Partner[1], Eltern, Kinder, andere Angehörige oder Zugehörige. Oftmals scheinen es die unversöhnten Anteile einer gemeinsamen oder teilweise gemeinsamen Lebensgeschichte zu sein, die es Menschen in der Trauer schwermachen, den erlittenen Verlust in das eigene Leben zu integrieren. Es bleibt dann viel stärker das Gefühl, weiterleben zu *müssen* (eben auch mit diesen unversöhnten Anteilen) als die gegenteilige Grundempfindung, nämlich weiterleben zu *dürfen,* auch mit den Anteilen einer durch Tod beendeten Beziehung, die nicht nur Lichtanteile haben, sondern eben auch Schattenseiten. Selbstverständlich spreche ich an dieser Stelle nicht von ganz akuter Trauer mit einer hohen zeitlichen Nähe zu einem Todesereignis, sondern von einer Trauer, die eine Schwere und eine Last mit sich bringt, die – auch auf längere Sicht – nicht leichter zu werden vermag.

Um möglichen Missverständnissen gleich zu Beginn vorzubeugen: Ich vertrete nicht die Meinung, dass Trauer etwas ist, was abgearbeitet oder gar bewältigt werden könnte. Das ist nicht mein Bild, wenn ich von Versöhnung und Trauer sowie von Versöhnung in der Trauer spreche. Ich möchte Versöhnung

---
[1] Ich benutze im Text abwechselnd die männliche und weibliche Form. Gemeint sind immer beide Geschlechter.

auch nicht als Aufgabe eines trauernden Menschen verstanden wissen, die dieser unbedingt erledigen muss. Mehr als eine Aufgabe scheint mir die Versöhnung eine Chance und ein Geschenk zu sein, also etwas, das man annehmen können muss. Es geht auch auf gar keinen Fall darum, einen verstorbenen Menschen loszulassen durch eine im besten Fall gelungene Versöhnung. Vielmehr bin ich davon überzeugt, dass es durch einen Versöhnungsweg möglich ist, einen verstorbenen Menschen mit all seinen Facetten, Eigenschaften, Fähigkeiten und Begrenzungen, mit seinem Unvermögen und seinen Hilflosigkeiten, mit seinem Unbeholfensein, seinen Macken, Ecken und Kanten zu sehen und vor allem mit den Teilen, wo er oder sie mir (durchaus auch ganz objektiv) etwas schuldig geblieben ist. Versöhnung mit einem verstorbenen Partner, Kind oder Elternteil kann, soll und darf also nicht die Trauer an sich beenden. Wohl aber geht es darum, die quälenden und letztlich die Trauer behindernden Anteile zu beenden und mit diesen einen versöhnlichen Abschluss zu finden. Insofern kann das Element Versöhnung in einer Trauerbegleitung mit dazu beitragen, einen schwierigen, scheinbar auch stagnierenden Trauerweg leichter und offener zu machen und zu einem versöhnlichen Abschluss zu führen, ohne dass die Trauer selbst damit beendet sein wird. Aber ein offener, erweiterter, ja ein vollständiger Blick auf einen verstorbenen Menschen wird, davon bin ich überzeugt, das Trauererleben positiv verändern.

Trauer und das Erleben von Trauer sich auch einmal mit dieser inneren Brille anzuschauen und diesem Aspekt Aufmerksamkeit zu schenken, scheint mir in vielerlei Hinsicht bedeutungsvoll, aber auch vor allem hilfreich zu sein, nicht zuletzt für trauernde Menschen, die möglicherweise ohne eine solche Brille wichtige Aspekte aus einer Lebensgeschichte bzw. einer Beziehungsdynamik übersehen und aufgrund dessen in einem stagnierenden Trauererleben festsitzen. Diese Brille, oder anders gesagt, diesen inneren Blick benötigen jedoch nicht nur trauernde Menschen, sondern vor allem auch diejenigen, die Trauernde begleiten. Wir wissen alle, dass es gerade in Krisenzeiten und in Zeiten persönlicher Verwirrung und Desorientierung oftmals einer Botschaft bzw. eines Signals von außen bedarf. Gerade in solchen Phasen (und wer wollte bestreiten, dass die Trauer mit ihrer großen Vielfalt und hohen Ambivalenz an Gefühlen dazu gehört) benötigen Menschen Signale, Zuspruch und mitunter auch »Korrektive« von außen. Und schlicht und ergreifend manchmal auch Worte, die man sich selbst nicht sagen kann, sowie empathisch zuhörende Menschen, die wirklich in einer Begleitung präsent sind mit purer Präsenz. Krisenphasen im Leben eines Menschen sind Zeiten, in denen Betroffene »Zusagen« benötigen, Aussagen, Signale, Worte und Gedanken, die sie sich selbst nicht sagen können und die nur deshalb wirksam sind und werden, weil sie ihnen zugesprochen werden. Und Krisenphasen sind Zeiten in denen viel in große Unordnung geraten ist. In einer solchen Situation von Unordnung sortieren mitzuhelfen gehört mit zu den zentralen Aufgaben von Trauerbegleitenden. Dass dieses Sortieren immer geleitet sein sollte von einer deutlichen inneren Ausrichtung auf den trauernden Menschen, die dessen Signale hoch achtsam wahrnimmt und dann reflektiert und verantwortlich damit umgeht, das sollte sich von selbst verstehen. Es geht nicht darum, mit der Tür ins Haus zu fallen und jemandem das Versöhnungsthema überzustülpen, sondern vielmehr, mit der inneren Bereitschaft und Wachsamkeit dabei zu sein, auch dieses Thema gemeinsam mit einem trauernden Menschen zu heben, sofern dieser Signale in eine solche Richtung setzt. Wie immer in der Trauerbegleitung gilt: Der Begleitende geht nicht voran! Oder anders formuliert: »Es gilt den Trauernden da ernst zu nehmen, wo er ist, und ihn nicht dahin bringen zu wollen, wo ich es als Helfer gerne hätte« (Weiher, 2004, S. 105 f.).

»Das Geheimnis der Versöhnung heißt Erinnerung«, so heißt es in einer altjüdischen Weisheit. Trauern bedeutet zu erinnern, immer und immer wieder. Trauerbegleitende müssen ein tief verinnerlichtes Wissen haben, wie wichtig dieses beständige Erinnern für Trauernde ist. Sie wissen auch um die Bedeutung der beständigen Wiederholung der Erinnerungen an einen verstorbenen Mitmenschen. In der Situation der Begleitung sind die Begleitenden so etwas wie Zeuginnen und Zeugen[2] dieser Erinnerungen. Darin liegt die Chance, diese Erinnerungen auch so zu bezeugen, dass alle Teile einer gemeinsamen Biografie ausgesprochen und erinnert werden können, ohne Angst vor einer Bewertung oder gar Abwertung zu haben. Ein Trauernder, der eine solche Atmosphäre erlebt, wird zum Sprechen und zum Erinnern ermutigt und kann durch diese Ermutigung auch an die Teile einer Beziehung herangeführt werden, die etwas mit Angst und Beschämung zu tun haben, vielleicht auch mit Schuld – sowohl als objektive Schuld wie auch als subjektives Schuldgefühl. Wenn das im Rahmen einer Trauerbegleitung gelingt (und das kann und wird nicht immer gelingen), dann eröffnet sich die große Chance, die Beziehung und Lebensgeschichte mit einem verstorbenen Menschen vollständig zu sehen und nicht nur fragmentarisch oder nur mit den »glänzenden« Seiten und Anteilen einer Beziehung. Nur in der Vollständigkeit einer Betrachtung mit allen Anteilen (Licht *und* Schatten) liegt die Chance, einen unverklärten, einen realistischen und auch einen erwachsen-emanzipierten Blick auf einen Menschen zu werfen. Nur dadurch wird das Bild dieses Menschen vollständig. Ein solches Bild schützt vor Idealisierung und Überhöhung. Es kann einen verstorbenen Menschen, den ich vermisse mit allen

---

2 Neben der *Erlaubnis* zu trauern, dem *Ausdruck* der Trauer und *Struktur* ist die *Zeugenschaft* ein wesentliches Element dessen, was Trauernde brauchen: »Ich bezeuge und bestätige deinen Schmerz und die Unwiederbringlichkeit dessen, was du verloren hast.«

seinen Anteilen, sichtbar sein lassen und es gibt einem trauernden Hinterbliebenen die Chance, diesem verstorbenen Menschen auf partnerschaftlicher Augenhöhe zu begegnen. Jeder andere Blick als dieser Blick »auf Augenhöhe« wird eine Aussöhnung mit den Schattenseiten einer Beziehung und mit den Dingen, die Menschen sich notwendigerweise schuldig bleiben (müssen), erschweren oder sogar unmöglich machen.

Ich komme noch einmal auf die eingangs genutzte Metapher der Brille zurück. Begleitende wie Trauernde benötigen eine solche Brille im Sinne einer Bereitschaft, in das eigene Innere zu schauen, wobei der Zugang zu diesem Hilfsmittel einem nicht akut trauernden Menschen in der Begleitung sehr viel leichter fallen wird. Die Chance liegt darin, Trauernden diese Brille anzubieten und auf die Momente zu achten und sie sensibel zu erspähen, in denen ein solches Angebot gemacht werden kann. Eine Brille hat eine klare Funktion: Sie ist dafür da, scharf, eindeutig, klar und unverschwommen zu sehen. Es braucht gerade bei den Schattenseiten einer gemeinsamen Lebensgeschichte auch genau diese Möglichkeit des klaren Blicks. Aber es braucht auch – und dafür ist nicht zuletzt die palliative Haltung auch in der Trauerbegleitung wichtig – das Gespür, die Empathie und die Achtsamkeit für den richtigen Augenblick. Das Angebot, auch mit dem Versöhnungsthema in einer Trauerbegleitung präsent zu sein, es zur Verfügung zu haben und vor allem keine Angst davor zu haben, ist meiner festen Überzeugung nach ein ganz wichtiges Werkzeug, ein Blickwinkel, den Trauerbegleitende einzunehmen grundsätzlich imstande sein müssen.

Ausgehend davon ist in mir der Impuls entstanden, zu diesem Thema dieses kleine Fachbuch zu verfassen, und ich hoffe, dass die einzelnen Aspekte, die ich nachfolgend aufgreifen werde, zur Hilfestellung werden können, in der Begleitung Trauernder auch mit dem nicht gerade einfachen Versöhnungsthema umzugehen und genau dazu zu ermutigen, letztendlich mit dem Ziel, auch

Trauernde zu befähigen, in Versöhnungsprozesse einzutreten, und sie selbst dazu ebenfalls zu ermutigen.

Einen Anstoß zu meinen Gedanken haben mir die Veröffentlichungen von Schulz, Radebold und Reulecke (2004), Bode (2013), Müller-Hohagen (2014), Goltermann (2011) und Alberti (2013) gegeben, die sich mit der transgenerationalen Weitergabe von Schuldgefühlen beschäftigen. Wir beginnen in unserer Gesellschaft ja erst seit einigen Jahren zu verstehen, wie traumatisierende Ereignisse und Erfahrungen, vor allem Kriegserfahrungen, über die Prägung derer, die diese Erfahrungen machen mussten, in die nachfolgenden Generationen hineinwirken. Als Zugehöriger zur Nachkriegsgeneration und als 1960 geborener Sohn eines Vaters, der noch als Jugendlicher die Grausamkeiten des Krieges erfahren musste, durfte ich über die Forschungen und Erkenntnisse der vorgenannten Autoren erfahren, wie wichtig das Verstehen solcher Zusammenhänge ist, um in die Versöhnung mit den Teilen meiner Eltern zu kommen, in denen diese mir zwangsläufig etwas schuldig geblieben sind und in der Reaktion darauf ich ihnen auch – weil sie aufgrund eigener Traumatisierungen und einer daraus erwachsenen Schutzbedürftigkeit schlichtweg nicht anders konnten, als mir dies schuldig zu bleiben.

Das ist ein ganz wichtiger und gewichtiger Teil dieses kleinen Fachbuches. Darüber hinaus geht es aber auch um die Versöhnung mit sich selbst und mit den Anteilen und Begrenzungen, die Menschen nur ungern in den Blick nehmen. Da dieses Buch ja vor allem Menschen in der Trauerbegleitung als Zielgruppe hat, muss es darin auch um die Versöhnung von Trauerbegleitenden mit Situationen gehen, in denen eine Begleitung nicht den Zielen und Idealen entsprochen hat, die ein Trauerbegleitender an sich selbst stellt. Oftmals sind Ansprüche von Trauerbegleitenden an sich selbst zu hoch. In dieser überhöhten Form geraten nicht selten die Personen, die als Sterbende und

Trauernde begleitet werden, in einen Blick, der sie sehr schnell nicht mehr als Subjekt und mit all den Fähigkeiten und Potenzialen sieht, den eigenen Weg zu gestalten, sondern der sie zu Objekten der eigenen Hilfeleistung macht und ihnen damit auch etwas nimmt von der Würde und möglicherweise auch von der Selbstachtung in der ohnehin schwer auszuhaltenden Phase des Abschieds. Menschen, die sich im Rahmen von Hospizinitiativen und Palliative Care engagieren, tun dies auch, weil sie eine Helferinnen-Identität haben. Eine solche Helferinnen-Identität ist klar und deutlich abzugrenzen von einem »Helfer-Syndrom«. Das Helfer-Ideal, die Helferinnen-Identität ist klar positiv zu bewerten, immer natürlich unter der Voraussetzung, dass mir diese innere Grundstruktur (»Helfen ist für mich ein hoher Wert und ein Ideal«) mit ihren hilfreichen und weniger hilfreichen Impulsen gut bewusst ist. Dieses so wichtige innere Bewusstsein und die notwendige Selbstreflexionsfähigkeit haben Menschen mit einem »Helfer-Syndrom« nicht.

Menschen mit einer Helfer- bzw. Helferinnen-Identität erleben bei sich aber ganz häufig eine typische und spezifische Schwierigkeit: Ihnen fällt es grundsätzlich eher schwer, mit Situationen von Hilflosigkeit umzugehen und diese auszuhalten. Zu diesen Situationen von Hilflosigkeit gehören auch Erfahrungen von eigener Begrenzung. Wenn sich dieses Buch des Themas »Versöhnung« annimmt, dann eben auch im Hinblick auf die wichtige Versöhnung von Begleitenden als Menschen mit einer solchen Identität mit ihren eigenen Erfahrungen von Begrenzung und Hilflosigkeit, die es unweigerlich in Sterbe- und Trauerbegleitungssituationen immer wieder neu geben wird. Mitunter ist die eigene Begrenztheit nicht nur eine Last, sondern sie kann auch ein Schutzraum sein für Begleitende und Trauernde – ein Schutzraum, hinter dessen Grenze etwas Neues, Anderes beginnen kann und darf, welches sich (jetzt) meiner Einflussnahme entzieht.

18 Einleitung und Hinführung zum Thema

In dieser Bandbreite bewegen sich die nachfolgenden Gedanken. Sie tun dies ganz im Sinne einer nichtdirektiven Grundhaltung[3] nicht als Lehrbuch, sondern mein Ziel besteht darin, zu sensibilisieren und ein fachliches Angebot zur eigenen Reflexion zu machen. In diesem Sinne hoffe ich, Menschen, die sich in der Trauerbegleitung engagieren, zu erreichen und ihnen ein genau solches Angebot zu machen.

Das Buch folgt dabei dem bewährten Dreischritt der »Edition Leidfaden«:
- theoretische Hinführung aus unterschiedlichen Blickwinkeln,
- Fallbeispiele aus der Trauerbegleitungspraxis,
- Informationen zur Wirkung und Umsetzung (praktische Hinweise).

Bevor ich mich dem zentralen Thema dieses Buches zuwende und die Begrifflichkeiten zu klären versuche, möchte ich zunächst zwei Unvermeidbarkeiten benennen, die unser Menschsein ausmachen und an denen wir nicht vorbeikommen. Es handelt sich dabei um die Unvermeidbarkeit von Schuld und Verwundungen.

---

[3] Ich arbeite in der Trauerbegleitung auf Basis der personzentrierten Grundhaltung, die auch als »nichtdirektive Beratung« bezeichnet wird (vgl. Mucksch, 2015).

Teil I

Die Unausweichlichkeit von Schuld – »Wer von Euch ohne Schuld ist, der werfe den ersten Stein«

Ich hörte kürzlich – in einer eher unverfänglichen und harmlosen Situation – jemanden sagen: »Das kann ich ja gar nicht wiedergutmachen!« Wir kennen diesen Ausspruch auch in der Frageform: »Wie soll ich das nur wiedergutmachen?« In dieser Frageform wird der Druck spürbar, der möglicherweise hinter diesen Worten stecken kann. Dahinter steht unter Umständen das innere Bild, dass ich immer alles wiedergutmachen muss und dass ich niemandem etwas schuldig bleiben darf.

In der von mir erlebten Situation war die Formulierung eher als scherzhaft-charmante Äußerung gemeint. Es ging lediglich um das höfliche und zuvorkommende Offenhalten einer Tür, um jemandem den Vortritt zu lassen. Oftmals wird die Frage »Wie soll ich das nur wiedergutmachen?« aber anders, viel ernsthafter und auch mit tatsächlichen eigenen Schuldempfindungen erfahren und in Verbindung gebracht. Dann kann diese Frage zu einer bohrenden, ja mitunter sogar quälenden Frage werden, die zu einer echten Last wird, die einen Menschen beugt und lähmt. Dagegen steht die Aussage, dass Schuld etwas Unausweichliches ist und etwas, dem Menschen nicht aus dem Weg gehen können.

Die Erfahrung von Schuld, das Schuldigwerden und auch das Schuldigsein gehören existenziell zum Menschen und haben etwas mit der Fähigkeit von Menschen zu tun, Verantwortung zu übernehmen. Damit hat es auch mit ihrer Würde zu tun. Indem ich in der Lage bin, zu verantworten und Antwort zu geben auf Situationen, an denen ich unweigerlich mitbeteiligt war, lebe ich einen großen Teil dessen, was meine Existenz als Mensch ausmacht.

Weiher (2011) bringt diese Unausweichlichkeit und zugleich das Würdevolle daran zum Ausdruck, indem er unter der Überschrift »Existenzielle Schuld« formuliert: »Wir bleiben als endliche Menschen immer dem Leben, uns selbst, anderen Menschen, der Natur, der Gesellschaft etwas schuldig. Wir nehmen uns immer vom Leben etwas heraus, was wir in dieser Form nie zurückgeben können, und zugleich erhalten wir dem Lebenszusammenhang vieles vor. Leben ist nur auf Kosten von anderem Leben möglich: Man kann sich nicht nichts nehmen, wenn man existieren will« (Weiher, 2011, S. 265). Hutter macht das deutlich, indem er darauf hinweist, dass »der Mensch von unterschiedlichen Motivationsbündeln gesteuert wird, die miteinander widerstreiten« (Hutter, 2014b, S. 7). Dieses Zitat verdeutlicht Verschiedenes, und zwar in zwei Richtungen. Es macht eine klar konfrontierende Aussage und es hat zugleich etwas sehr Entlastendes. Die Konfrontation lautet: Der Wunsch, ohne die Erfahrung von Schuld durchs Leben zu kommen, mag vordergründig nachvollziehbar sein, tatsächlich taugen tut er nicht. Er ist letztendlich eine Illusion und wird hier entlarvt als »frommer Wunsch«.

Durch diese Entillusionierung wird aber auch der andere Teil offenbar: Weil wir als Menschen gar nicht anders können (wir bleiben zwangsläufig einander und auch uns selbst immer etwas schuldig), hat diese Aussage eine entlastende und damit letztlich schützende Funktion. An dieser Stelle komme ich auf die zu Beginn dieses Abschnitts formulierte Frage zurück: »Wie soll ich das nur wiedergutmachen?« Wenn ich dazu komme, für mich zu akzeptieren, dass ich das im Letzten weder kann noch muss, dann kann diese Erkenntnis dazu führen, dass ich ein Stück entlastet werde und der absoluten Pflicht enthoben bin, immer und in jeder Situation alles wiedergutzumachen und sozusagen immer so abzuschließen, dass ich nie etwas schuldig bleibe. Auf der anderen Seite gibt diese Erkenntnis auch meinem Gegenüber die Freiheit und Offenheit, mir etwas schuldig zu bleiben. Daraus kann letztendlich Dankbarkeit, Vertrautheit und eine tiefe innere Bindung erwachsen – im besten Fall eine Bindung, die über den Tod hinaus eine positive Wirkung entfalten kann.

Schuld, Schuldigwerden und Schuldigbleiben bekommen an dieser Stelle einen tieferen Sinn, auch und gerade in der Trauer. Müller und Schnegg haben bereits 2004 auf diesen Aspekt hingewiesen (Müller u. Schnegg, 2004, S. 61) und weisen der Schuld über den Sinn auch eine Aufgabe in der Trauer zu. Weil Schuld einen Sinn in der Trauer hat, hat die Schuld es verdient, nicht bewertend, sondern vielmehr würdigend wahrgenommen zu werden. »In dieser Wahrnehmung geschieht eine Würdigung des Trauernden, mag er hier [selbst; Anm. des Verf.] ›objektiv‹ noch so falsch liegen« (Müller u. Schnegg, 2004, S. 61).

Ich greife an dieser Stelle den Untertitel zu diesem Abschnitt auf, den Satz aus dem Neuen Testament »Wer von Euch ohne Schuld[4] ist, werfe den ersten Stein«. Es handelt sich hier um einen biblischen Text (Johannes, 8, 1–11), der als solcher eine tiefe anthropologische Grunderkenntnis markiert: Menschen sind immer auch schuldige Menschen, ohne Ausnahme!

Auf die klug und weitsichtig gestellte Aufforderung »Wer von Euch ohne Sünde ist, werfe als Erster einen Stein auf sie« (Johannes 8, 7, Bibel, 2016, S. 1235) geschieht das zunächst Unerwartete: Einer nach dem anderen verlässt schweigend den Ort des

---
4   Ich habe an dieser Stelle bewusst den eindeutig theologisch besetzten Begriff »Sünde« durch den Begriff »Schuld« ersetzt.

ungnädigen und unmenschlichen Geschehens. Diejenigen, die kraft ihres Amtes die größte äußerliche Autorität haben (nicht unbedingt aus sich heraus, sondern durch Zuschreibung oder Übertragung), verlassen als Erste den Ort der vorausgegangenen raschen und vernichtenden Verurteilung. Die Botschaft dahinter lautet: Wir müssen uns unserer eigenen Begrenztheit und auch der eigenen Schuld als Menschen bewusst sein. Habe ich dieses Bewusstsein, dann stehe ich nicht, oder doch zumindest deutlich geringer, in der Gefahr, andere zu bewerten oder sie gar zu »vor-verurteilen«. Hier kann sich ein Kreis schließen: Wenn ich diese Haltung authentisch und kongruent[5] in einer Begleitungssituation leben und dadurch vermitteln kann, dann liegt es nahe, dass ein Mensch, der als trauernder oder sterbender Mensch mit sich selbst und/oder anderen hart ins Gericht geht, selbst in eine versöhnliche Haltung kommen kann.

Die Unvermeidbarkeit von Verletzungen

Ebenso wie mit der Schuld verhält es sich auch mit Verletzungen. »Jeder wird in seinem Leben verletzt und verwundet« (Grün, 1992, S. 9). »Niemand kommt unverwundet durchs Leben« (Ulsamer, 2011, S. 11), so überschreibt der Jurist und Psychologe Ulsamer ein Kapitel in seinem Buch »Lebenswunden«. Er beschreibt darin, dass Verletzungen, die verheilen und Menschen wieder gesund werden lassen, sogar für erhöhte Widerstandskraft und Belastbarkeit sorgen und Menschen innerlich stark machen können. Mitunter, so konstatiert er, kann aus solchen Verwundungen eine besondere Kraft oder Fähigkeit entstehen. Gerade geheilte seelische Verletzungen können zu

---

5   Die Nähe zur Grundhaltung der Echtheit aus der personzentrierten Haltung liegt klar auf der Hand.

einer außerordentlichen Gabe werden. Mir fallen in diesem Zusammenhang nicht wenige Menschen ein, die sich im Rahmen palliativer und hospizlicher Arbeit als Sterbe- und Trauerbegleiter/-innen hilfreich engagieren. Nicht wenige tun dies aus einer gut reflektierten eigenen Erfahrung als Trauernde und bringen mit dieser Erfahrung eine besondere Qualität und Authentizität in Begleitungsprozesse ein. Sie verfügen über ein bedeutsames und wirkungsvolles Talent und nutzen es in genau dem Kontext, in dem sie selbst eine hilfreiche Erfahrung gemacht haben.

Wenn Verletzungen zu einer Gabe werden, wenn ein Mensch – sei es durch eigene Resilienz, sei es durch eine gute mitmenschlich-solidarische Begleitung – aus einer schweren und schmerzhaften Erfahrung gut hervorgeht, dann haben diese Erfahrungen im besten Fall auch etwas ganz Wichtiges vermittelt: ein im wahrsten Sinne des Wortes zu verstehendes Lebenswissen.

Davon abzugrenzen sind natürlich die Verwundungen, die tiefer gehen und die intensive leibseelische Spuren hinterlassen, Verletzungen, die nicht oder nur sehr langwierig heilen, und solche, die schlimmstenfalls überhaupt nicht ausheilen. Auf solche traumatischen Erfahrungen gehe ich in diesem Zusammenhang nicht näher ein. Mir ist es aber wichtig, diese Form von Verletzungen hier zu erwähnen, schon aus Achtung vor den Menschen, die sie erlitten haben bzw. denen solche tiefen Verwundungen zugefügt worden sind und die solche Traumata erleiden mussten.

Auch die Theologin Wolfers sieht den unauflöslichen Zusammenhang von menschlicher Existenz und Verletzungen. »Leben verletzt« und »es gibt kein Leben ohne Kränkungen« (Wolfers, 2013, S. 13 ff.) betont sie in ihrem Buch »Die Kraft des Vergebens«: »Wir kommen nicht unverletzt durchs Leben. Ob mit Absicht oder aus Versehen, ob bewusst oder unbewusst: Immer wieder kränken wir andere Menschen und werden gekränkt.

Manche dieser Wunden gehen tief und wollen einfach nicht heilen. Ruhelos kreisen unsere Gedanken um die andere Person und ihr verletzendes Verhalten. In uns schreit es empört auf: ›Wie konntest Du mir das antun?!‹ Wir werden mit dem, was passiert ist, nicht fertig, sondern wie bei einem Endlosband spielen wir das einschneidende Geschehen wieder und immer wieder durch. Die schmerzhafte Kränkung wirbelt unser Inneres durcheinander. Widerstreitende Gefühle zerren an uns und werfen uns aus der Bahn. [...] Dabei können andere uns nicht nur durch ihr aktives Verhalten verletzen, sondern auch dadurch, dass sie uns etwas vorenthalten, beispielsweise indem sie Hilfe verweigern oder es an Wertschätzung fehlen lassen« (Wolfers, 2013, S. 15f.).

An anderer Stelle beschreibt Wolfers, dass Menschen diese zuvor genannte innere Not nicht wahrhaben wollen, und benennt diese Vermeidung als menschlich sehr verständlich. Nachfolgend verwendet sie ein ausdruckstarkes Sprachbild, indem sie eine innere Kränkung mit einer körperlichen Wunde vergleicht. So wie »eine körperliche Wunde Luft braucht, um heilen zu können, so muss auch der Schmerz ans Licht kommen dürfen« (Wolfers, 2013, S. 10). Mit diesem Sprachbild benennt Wolfers etwas, was wesentlich auch in einer Trauerbegleitung geschehen kann und wofür Trauerbegleitende eine innere Bereitschaft mitbringen müssen. Wenn ein trauernder Mensch ebenfalls dazu grundsätzlich bereit und in der Lage ist und er im Rahmen einer Begleitung eine wertschätzend-empathisch-authentische Atmosphäre erfährt, die ihn selbst auch wertschätzend mit sich selbst und seinen Schattenseiten sein lässt, dann kann daraus etwas Heilendes entstehen. Bestenfalls fasst jemand den Mut, dann auch so authentisch und kongruent mit sich selbst zu werden und zu sein, dass er sich seinen Schattenseiten stellen kann. Ausgehend davon kann ein nachhaltiger Perspektivenwechsel stattfinden, den Wolfers so beschreibt: »Der Blick richtet sich nicht mehr auf die rückwärts orientierte Warum-Frage, sondern auf die Wozu-Frage, der es um die Zukunft geht« (2013, S. 10). Das heißt weg vom anklagenden Warum zum Sinn suchenden Wozu. Zentral scheint mir aber die Feststellung zu sein, dass es sich hier nicht um einen Automatismus handelt, sondern vielmehr um eine Entscheidung, unsere individuelle Entscheidung (vgl. Wolfers, 2013, S. 11). An dieser Stelle deutet sich bereits etwas an, was ich im Kapitel »Schuld und Versöhnung – ein philosophischer Blick« noch eingehender vertiefen werde: die Herausforderung, in die wir existenziell als Menschen gestellt sind, nämlich mit unvermeidbaren Grenzsituationen umzugehen. Es geht hier um die grundlegenden Gedanken des Philosophen Karl Jaspers im Umgang mit Grenzsituationen.

Wolfers betont neben dem Hinweis auf die Notwendigkeit[6] der Entscheidung aber auch den Geschenkcharakter der Versöhnung. Auch dieser Gedanke ist meines Erachtens zentral. Wir können trotz der gebotenen Entscheidung Versöhnung nicht herstellen oder »machen«. Sie hat immer auch eine weit darüber hinaus gehende Dimension, der sich hospizliche Haltung zu stellen bereit ist. Ich meine damit die spirituelle Dimension als eine zentrale Säule in der Begleitung von Sterbenden und Trauernden.

Die Feststellung der Unausweichlichkeit von Verletzungen in einem Buch zum Thema »Versöhnung in Trauerprozessen« ist mir besonders wichtig. Die Anerkennung dieses Faktums gehört für mich ganz entschieden dazu, um letztendlich die tiefe Bedeutung und Notwendigkeit von Versöhnungswegen zu erfassen. Nur wenn ich als Trauerbegleiter/-in diese Tatsache tief in meinem Inneren begreife und zulasse, werde ich einen vollständigen Blick auf verletzte bzw. gekränkte, trauernde Men-

---
6 Der Begriff »notwendig« hat in unserem Sprachgebrauch eine eher negative Konnotation. Teilt man die beiden Wortteile, dann wird deutlich, dass etwas, das im wahrsten Sinne des Wortes notwendig ist, zu einer hilfreichen Wende in der Not werden kann.

schen haben können und ihnen auf echter Augenhöhe begegnen. Die innere Akzeptanz dieser Unvermeidbarkeit schützt mich und zugleich den verletzten trauernden Menschen vor Übergriffigkeit und einem unreflektierten Aktionismus (Mucksch, 2015, S. 82 ff.). Das Wissen um diesen Umstand macht es Begleitenden darüber hinaus leichter, in eine wirklich empathische Haltung zu kommen und aus dieser heraus seelisch verletzte Menschen zu begleiten, deren Leid auszuhalten und solidarisch mitzutragen.

Sehr deutlich hat das der Pastoraltheologe Rolf Zerfaß in seinem 1985 erschienenen Buch »Menschliche Seelsorge« dargelegt. Unter der Kapitelüberschrift »Der Seelsorger – ein verwundeter Arzt« erläutert er eindrücklich und prägnant, dass die Konfrontation mit den eigenen Grenzen und letztendlich auch mit den eigenen Verwundungen eine unersetzbare Voraussetzung für die Begleitung von Menschen in Lebenskrisen ist (Zerfaß, 1985, S. 98 ff.). Die Gedanken von Zerfaß sind zwar mehr als dreißig Jahre alt, besitzen aber immer noch uneingeschränkte Aktualität.

Ich werde auf Zerfaß sowohl im zweiten als auch im dritten Teil des Buches noch einmal zurückkommen, und zwar zunächst an der Stelle, wo ich ein Fallbeispiel aus der begleitenden Supervision vorstelle (S. 82 ff.), in dem es um einen Trauerbegleiter geht, der sehr mit seinen eigenen Begrenzungen in einer ganz konkreten Begleitungssituation hadert und auch damit, dass er in dieser konkreten Begleitungssituation nicht seine selbst gesteckten Ziele und Erwartungen erreicht, sondern vermeintlich (!) weit dahinter zurückbleibt. Im dritten Teil des Buches entwickle ich – in Anlehnung an die Gedanken von Zerfaß – einige Gedanken für die konkrete Umsetzung in der Trauerbegleitung.

Die Unvermeidbarkeit von Verletzungen wird überdeutlich in einem Gedicht von Hilde Domin, welches sie mit dem Titel »Bitte« überschrieben hat. Dieser Titel weist über das Nicht-zu-

Ändernde, das Unvermeidliche hinaus. Er lenkt den Blick auch auf das Heilende, welches unseren, insbesondere seelischen, Verwundungen innewohnen kann. Das Gedicht als Ganzes sieht den Menschen in der als Chance zur Verfügung stehenden Situation, in einem lebenslangen Selbstentwicklungsprozess zu sein, der zur Aufgabe hat, sich unteilbar (lateinisch: in-dividuare) zu machen, was so viel bedeutet wie, alle Anteile der eigenen Person in sich zu integrieren, sich ihrer bewusst zu sein und nach Möglichkeit nichts in sich als Person abzuspalten. Dazu gehört auch, die Schattenseiten der eigenen Person wahrzunehmen. C. G. Jung spricht in diesem Zusammenhang von *Individuation* (der Weg zu einem eigenen Ganzen), die zugleich Aufgabe und Chance ist (Samuels, Shorter u. Plaut, 1989, S. 106 ff.).

»Bitte
Wir werden eingetaucht
und mit den Wassern der Sintflut gewaschen
Wir werden durchnässt
bis auf die Herzhaut
Der Wunsch nach der Landschaft
diesseits der Tränengrenze
taugt nicht
der Wunsch, den Blütenfrühling zu halten
der Wunsch, verschont zu bleiben
taugt nicht
Es taugt die Bitte
dass bei Sonnenaufgang die Taube
den Zweig vom Ölbaum bringe
dass die Frucht so bunt wie die Blume sei
dass noch die Blätter der Rose am Boden
eine leuchtende Krone bilden
und dass wir aus der Flut
dass wir aus der Löwengrube und dem feurigen Ofen

immer versehrter und immer heiler
stets von Neuem
zu uns selbst
entlassen werden.«
(Domin, 1987)

Diese verdichteten Worte machen neben dem bereits Formulierten noch etwas deutlich: Sie sehen den Menschen nicht einseitig und nicht unter einer Entweder-oder-Perspektive, sondern sie sehen den Menschen sehr umfassend und vollständig:
- als verletzbares Wesen *und* als sich entwickelndes Wesen,
- als grundsätzlich immer auch versehrte Existenz *und* zugleich als heile Existenz,
- als schwachen Menschen *und* zugleich als starken Menschen,
- als zur Stagnation neigenden Menschen *und* als Wesen, das nach Entwicklung und Reife strebt.

An dieser Stelle sehe ich eine Parallele zu den Grundannahmen und dem Menschenbild, welches der von C. R. Rogers entwickelten personzentrierten Haltung zugrunde liegt. Er geht von einer »Selbstaktualisierungstendenz« des Menschen aus, einer jedem Menschen innewohnenden Kraft zum Guten, die mitunter durch negative äußere Bedingungen verschüttet ist.

Die dem Menschen innewohnende Dualität werde ich im dritten Teil dieses Buches noch einmal aufgreifen. In ihrer Akzeptanz liegt ein entscheidender Schlüssel zum Verständnis des Begriffes »Versöhnung«. Es zeigt sich ansatzweise bereits an dieser Stelle, dass Versöhnung mit anderen nur über den Weg gelingen kann, dass wir uns zunächst mit uns selbst aussöhnen: mit den Ambivalenzen, Spannungen, Begrenzungen und Brüchen, die wir alle in uns tragen.

Versöhnung – eine begriffliche Einordnung

Um der Bedeutung von »Versöhnung« näher zu kommen, empfiehlt sich zunächst einmal ein Blick auf die Etymologie dieses Begriffes: Das Wort »Versöhnung« stammt vom mittelhochdeutschen »versuenen«/»versuonen« ab und leitet sich vom Wort »Sühne« ab. Damit gemeint sind Begriffe wie Schlichtung und Friede. Möglicherweise klingt auch der Begriff »Beschwichtigung« mit, der uns im weiteren Verlauf und in der konkreten Abgrenzung zum Versöhnungsbegriff noch beschäftigen wird. Der Begriff »Sühne« (althochdeutsch »suona« = Gericht, Urteil, Gerichtsverhandlung, Friedensschluss/mittelhochdeutsch »süene« = Schlichtung, Friede, Kuss; Grün, 1997, S. 16) meint einen Akt (also eine konkrete Handlung, lateinisch »agere« = handeln), durch den derjenige, der schuldig geworden ist, seine Schuld tilgen kann. Dies setzt Reue und auch Bekenntnis und Eingeständnis voraus, das heißt auch ein Schuldbewusstsein. Das wiederum weist darauf hin, dass es wichtig ist, mit den Begrifflichkeiten gut umzugehen. Zu unterscheiden ist zwischen tatsächlicher Schuld (objektiv) und einem Schuldgefühl (subjektiv). Darauf gehe ich nachfolgend noch ein.

In unserem Rechtssystem wird, vermittelt über ein Gericht und ein Urteil (einen Schuldspruch), in strafrechtlichen Angelegenheiten die Schuld durch eine Strafe gesühnt. In den Strafzwecktheorien gibt es unter anderem die sogenannte »Sühnetheorie«, die den »Täter« in den Fokus nimmt, der sich durch Buße (auferlegte Strafe) wieder mit der Rechtsordnung versöhnen soll. Hier ist aber kritisch anzumerken, dass »Sühne« grundsätzlich Freiwilligkeit voraussetzt und somit fraglich ist, ob eine durch ein Urteil verhängte Strafe einen solchen Akt der Freiwilligkeit hervorrufen kann. Wichtig ist, zu erkennen – das sollen diese Überlegungen zur Begrifflichkeit deutlich machen –, dass Versöhnung im Kontext von Trauerbegleitung nur möglich ist durch eigene innere Einsicht und durch einen individuellen inneren Antrieb, möglicherweise erwachsend aus der Erkenntnis, dass Versöhnung eine große Chance darstellt (Enright, 2006) und dass ihr eine heilende Kraft innewohnen kann (Stauss, 2010). Oftmals – das werden Menschen, die Erfahrungen in der Begleitung Trauernder haben, wissen – ist der Zugang bzw. die Zuwegung zu dieser Einsicht aber verschüttet und von außen betrachtet ganz objektiv noch (!) nicht zugänglich. Hier liegen Chancen in einer von Wertschätzung und Empathie geprägten Trauerbegleitung, die von einer inneren Haltung geleitet ist, ein vollständiges Bild eines Trauernden von seinem Angehörigen zuzulassen mit allen Anteilen auf der emotionalen Ebene: Liebe und Zuneigung, Wut und Aggression, Verständnis versus Unverständnis.

Zum besseren Verständnis der Begrifflichkeit lohnt in diesem Kontext noch ein abschließender Blick in andere Sprachen und Kulturen: Das griechische Wort für »Versöhnung« (καταλλαγή = verändern, vertauschen) kommt aus der antiken Diplomatensprache und bezeichnet den Vorgang des Friedensschlusses. Bleibt man bei diesen Begriffen, dann lässt sich davon der Gedanke ableiten, dass es durch Versöhnung grundsätzlich möglich ist, dass sich das Leben von Menschen positiv verändert (Grün, 1992, S. 8). Der nächste Gedankenschritt ist der, dass Versöhnung »heilende« Wirkung haben kann. Mit diesem Verständnis relativ verwandt ist das lateinische Wort »reconciliare«. Es leitet sich ab von »conciliare« (vereinen, zusammenbringen) und bringt uns im Kontext von Trauerbegleitung der Sache vielleicht noch etwas näher. Es geht um die Wiederherstellung einer Beziehung bzw. eines sozialen Zusammenhangs. Nun kann man fragen, wie das mit Blick auf das Tätigkeitsfeld »Trauerbegleitung« möglich ist. Als Trauerndem, der ich möglicherweise unversöhnte »Reste« mit meinem verstorbenen Angehörigen habe, stehen mir natürlich nicht die Möglichkeiten zur Verfügung, die ich im Konflikt mit einem noch lebenden Menschen hätte.

Das darf aber nicht zum unmittelbaren Rückschluss führen, dass in einer solchen Situation nicht doch Versöhnung möglich wäre. Allerdings ist für eine solche – oftmals sehr befreiende und heilende – Versöhnung zumeist ein Anstoß von außen notwendig. An dieser Stelle muss Trauerbegleitung um ihre Aufgaben, Möglichkeiten und Chancen, aber auch Grenzen wissen. Dafür sensibel und mutig zu machen, ist eine zentrale Absicht dieses Buches, wenn nicht sogar die zentrale Intention.

Motivierend dafür kann vielleicht das buddhistische Verständnis von Versöhnung sein. Im Buddhismus liegt das Verständnis auf der Wiederherstellung der Harmonie. In diesem Kontext darf und muss meines Erachtens auch der Begriff »Heilung« erwähnt werden. Der Versöhnung kann eine zutiefst heilende Kraft innewohnen. Um diese grundsätzlichen Möglichkeiten zu wissen und sie im Einzelfall auch nutzen zu können, ist für Trauerbegleitende von großer Bedeutung.

Einem möglichen Missverständnis möchte ich aber an dieser Stelle vorbeugen: Es kann nicht um Versöhnung »um jeden Preis« gehen und es gibt ohne jeden Zweifel in Trauerzusammenhängen auch Situationen, die – zumindest mit Blick auf den Verstorbenen – unversöhnlich bleiben und bleiben müssen, weil jeder Versuch einer »billigen« Versöhnung für den oder die Hinterbliebenen unangemessen oder sogar zynisch wäre. In solchen Situationen geht es dann nicht um die Versöhnung mit einem Verstorbenen, sondern vielmehr um eine Versöhnung mit sich selbst und den Teilen in der eigenen Biografie, die nicht mehr veränderbar sind, deren Akzeptanz und Integration in die eigene Lebensgeschichte und um die Erkenntnis, dass das eigene So-geworden-Sein auf einer anderen Ebene einen versöhnlichen Anteil haben kann.

Grün (1997) weist darauf hin, dass die Versöhnung mit sich selbst ohnehin mindestens so wichtig ist wie die Aussöhnung mit dem Mitmenschen. Sie ist im Grunde genommen die Voraussetzung für eine gelingende Versöhnung mit dem oder der Anderen. Anknüpfend an den Begriff »Friedensschluss« formuliert Grün: »Sich mit sich selbst versöhnen heißt also: Frieden stiften mit mir selbst, einverstanden sein mit mir, so wie ich geworden bin. [...] Die Spaltung aufheben, die sich in mir auftut zwischen meinem Idealbild und meiner Realität« (Grün, 1997, S. 16). Dabei geht es um exakt den gleichen Anspruch, der sich auch auf das jeweilige Gegenüber bezieht, um das Menschen trauern. Der Anspruch lautet: mich selbst und den Anderen vollständig zu betrachten, ungeteilt (in-dividuare), ohne Idealisierung und ohne einseitige negative Etikettierung.

Schuld und Versöhnung – ein Zugang aus anthropologischer Sicht

Die Fragen nach dem Woher und Wohin, die Fragen nach Sinn und Bedeutung menschlichen Daseins und letztendlich auch die Fragen nach Schuld und Versöhnung gehören ganz offensichtlich zum Wesen der menschlichen Existenz. Es sind existenzielle Grundfragen, deren Beantwortung für Menschen wichtig ist, damit sie ihren »Seelenfrieden« (Stauss, 2010, S. 39) finden können.

In einer übersichtlichen und zugleich aufschlussreichen Auflistung stellt Stauss (2010, S. 39) folgende Grundfragen:
- Woher kommen wir?
- Wohin gehen wir?
- Wozu sind wir da?
- Woher kommt alles, was da ist?
- Wohin ist alles unterwegs?
- Was ist der innerste Grund, aus dem wir entstanden sind, und was ist der innerste Grund, in den wir wieder eintauchen?
- Was geschieht nach dem Tod?

- Was ist der Sinn des Leidens?
- Wie kann Schuld vermieden und vergeben bzw. gelöst werden?
- Was gibt meinem Leben Sinn und Halt?

Er beschreibt diese Fragen als Fragen nach dem Geheimnis unseres Lebens, die in allen Zeiten der Menschheitsgeschichte gestellt wurden. Zugleich erläutert er, dass es zu einer paradoxen Situation kommt, wenn diese existenziellen Fragen nicht beantwortet werden.

Das Paradoxon liegt für ihn darin, dass wir als Menschen, die wir heute in einer postmodernen, hochtechnisierten und erkenntnisorientierten Welt leben, im Hinblick auf wissenschaftliche Erkenntnisse absolut überinformiert sind. Zugleich gibt es die Situation der Unterinformation im Hinblick auf Orientierungswissen. Ganz offensichtlich reicht die Überfülle an empirischen Erkenntnissen, die nahezu immer und überall über moderne Informationstechnologien zur Verfügung stehen, nicht aus. Es braucht auch andere Antworten, nämlich solche, die die großen und existenziellen Fragen von Menschen beantworten helfen.

Ich sehe in der Auflistung der Grundfragen einen Fragenkatalog, der nahezu deckungsgleich ist mit den Fragen, die so oder so ähnlich sterbende und trauernde Menschen stellen und mit denen deren innerer Rucksack oftmals übervoll ist.

Mit Blick auf die veränderten Rahmenbedingungen in der heutigen postmodernen Gesellschaft gibt es noch einen weiteren wichtigen Punkt, auf den Weiher (2011) aufmerksam macht, indem er formuliert, dass dadurch, dass nicht mehr (religiöse) Tradition und feste Lebensformen unser Leben regeln, es eine deutliche Aufwertung der Beziehungsdimension gibt. Daraus erwächst (anders als früher) ein vielfach direktes Schuldigwerden auf verschiedenen Ebenen (Weiher, 2011, S. 262):

- gegenüber dem Partner,
- gegenüber den Kindern,

- gegenüber den Eltern,
- gegenüber sich selbst und der eigenen Gesundheit,
- gegenüber der Umwelt.

Das Thema »Schuld«, die Unausweichlichkeit, schuldig zu werden, und in der Folge auch das Thema »Versöhnung« stellen also eine Grundbestimmung des Menschen dar. Menschen können nicht »nicht schuldig« werden. Schuld und nachfolgend die Notwendigkeit der Aussöhnung mit der erworbenen Schuld bedeuten also ein »grundlegendes anthropologisches Datum, das sich aus dem Freiheitsvermögen ergibt, im Gewissen wahrgenommen wird und zur Verantwortung herausfordert« (Sievernich, 2005, S. 297).

Wir sind als Menschen – also qua Menschsein – vielfach begrenzt durch die Unterschiedlichkeit unserer Lebensgeschichten und geprägt durch die Vielfalt der biografisch und gesellschaftlich abhängigen Lebensbedingungen, die wir als Menschen vorfinden. Das führt dazu, dass wir ebenso unterschiedlich wie vielfältig »aufgestellt« sind im Hinblick auf unsere in uns verwurzelten Verletzungen, unsere Kränkungen, unser Selbstwertgefühl, unsere Möglichkeiten und Grenzen. Daraus wiederum erwachsen unterschiedliche Bedürfnisse.

An all dem wird deutlich, dass wir zwischenmenschlich nie in der Lage sein werden – selbst in sehr vertrauten innerfamiliären Bezügen –, alle Erwartungen und Wünsche unserer Bezugspersonen zu erfüllen. Beziehungsanalytisch wird es immer »offene Rechnungen« geben. Nach meiner Erfahrung sind Trauerbegleitende in Begleitungsgesprächen häufig mit solchen »offenen Rechnungen« konfrontiert. Dann geht es darum, diese Fragen und Themen wertzuschätzen und zunächst einmal zu verstehen. Es mag in der einen oder anderen Situation so sein, dass Trauerbegleitende in sich den spontanen Impuls verspüren, zum »Löser« einer solchen Situation zu werden. Darum geht es aber nicht. Lösen kann eine solche Frage nur die/der Betroffene selbst. Grundsätzlich geht es immer zuallererst darum, dass ein solches Gefühl von seiner Entstehung her verstanden wird. Es braucht die Fähigkeit und Bereitschaft, solche Fragen auch unter dem Aspekt zu verstehen, wo sie eine wichtige, weil unter Umständen stabilisierende Funktion für einen trauernden Menschen haben.

Schuld und Versöhnung – ein theologischer Zugang

Die beiden aufeinander bezogenen Begriffe haben eine klassische und ganz traditionelle Verortung in der Theologie und wurden ihr über einen langen Zeitraum auch fast ausschließlich zugeordnet. Im christlichen Verständnis ist man hinsichtlich dieser Begriffe schnell bei dem berühmten Ausspruch des Reformators Martin Luther, dass der Mensch als solcher immer zugleich Gerechter und Sünder ist (»simul iustus et peccator«). Auch hier spielt das zuvor bereits erläuterte anthropologische Grundmoment eine entscheidende Rolle (der Mensch ist qua Mensch immer auch jemand, der schuldig wird und ist), aber der Mensch wird durch seinen Glauben und letztendlich durch Gott gerechtfertigt und damit versöhnt.

Das Neue Testament gibt aber auch noch aus einer anderen Perspektive aufschlussreiche Antworten. Hilfreich sind dafür vor allem die Heilungsgeschichten. Die heilende Grundhaltung und die daraus erwachsende Botschaft des historischen Jesus von Nazareth kann uns etwas deutlich machen. Anders als im Alten Testament mit der Aussage »Auge um Auge, Zahn um Zahn« (Exodus 21, 23–25) geht es neutestamentlich nicht mehr um einen »gerechten« Ausgleich, sondern um das echte Erkennen des Anderen in seinen Möglichkeiten und Begrenzungen. Im Rahmen dieser Begrenzungen und Möglichkeiten geht es um sein ehrliches Bemühen. Ein sprechendes Beispiel dafür ist die Textstelle aus dem Lukas-Evangelium mit der weinenden Sünderin, die in das Haus eines Pharisäers kommt, in dem Jesus zu Gast ist. Sie wäscht seine Füße mit dem Wasser ihrer geweinten Tränen. Die Perikope endet mit den beiden kurzen Sätzen: »Dein Glaube hat dich gerettet. Geh in Frieden!« (Lukas 7, 36–50).

Das Bild mit der Frau, die dem Mann Jesus von Nazareth die Füße wäscht, mutet in unserer heutigen Zeit fremd an und bekommt möglicherweise rasch etwas Patriarchalisch-Unterwürfiges. Von diesem aus der damaligen Zeit geprägten Bild sollten wir uns nicht davon abhalten lassen, die eigentlich zentrale Botschaft dahinter zu verstehen. Es geht um eine – was immer man dieser Frau als Schuld vorgeworfen haben mag – grundsätzliche Verhaltensänderung. Sie bewegt sich, verändert ihr Verhalten und übernimmt damit im Rahmen ihrer Begrenzungen und Möglichkeiten Verantwortung. In der Aussage »Dein Glaube hat dich gerettet« steckt die tiefe Anerkennung des Menschseins dieser Frau (mit Licht und Schatten und eben auch schuldhafter Verstrickung) und zugleich die anerkennende Wahrnehmung ihres verantwortlichen Verhaltens. Im Wort »Verantwortung« steckt das Wort »Antwort«. Die Frau gibt Antwort und geht damit in eine innere Bewegung und in einen äußeren Ausdruck, der geprägt ist von Hinwendung und Zärtlichkeit – ein zutiefst versöhnender Gestus.

Es gibt eine weitere Textstelle im Neuen Testament, die eine tiefe versöhnende Botschaft in sich trägt. In der Passionsgeschichte findet sich der bekannte Satz des leidenden, gekreuzigten Jesus von Nazareth: »Vater, vergib ihnen, denn sie wissen nicht, was sie tun!« (Lukas 23, 34). Für jemanden, der aus einem christlichen Glaubensverständnis heraus lebt, kann diese Aussage grundsätzlich etwas Versöhnendes haben: Wenn ich selbst nicht versöhnen kann (aus subjektiv gutem Grund/ohne Bewertung), kann ich die Frage des Ausgleichs im Vertrauen abgeben, mit der heilsamen Konsequenz, dass das Thema nicht mehr bei mir liegt und ich aus dem Täter-Opfer-Verhältnis raus bin, welches ja häufig eine lang anhaltende und ungute Dynamik mit sich bringt.

Das vorausgegangene Textbeispiel aus der Passionsgeschichte macht darüber hinaus noch etwas klar: Aus christlicher Perspektive geschieht die intensivste Begegnung mit diesem menschenfreundlichen Gott gerade in der Tiefe, dort, wo Leid und Schmerz erfahren werden. Weil nach christlichem Verständnis Gott selbst in der Tiefe, in den menschlichen Abgründen und damit auch in der Trauer präsent ist und die Menschen von dort, von unten her, geliebt sind, müssen Menschen sich von dort aus, aus dieser Tiefe, aus allem Leid, aller Not und Trauer nicht selbst rechtfertigen. Das ist das Zentrale und das zugleich sehr Verständnisvolle und Zugewandte am christlichen Menschenbild: Der Mensch muss sich – auch als Trauernder – in seinem tiefsten Leiden nicht verteidigen oder rechtfertigen. Alles Dunkle und alles Zerbrochensein, auch dafür muss sich der leidende, der gebrochene, der trauernde Mensch nicht rechtfertigen. Das entspricht einem Bild von Gott, der nicht oben »im Himmel« bleibt und thront, sondern der bildlich gesprochen auch in die menschliche Hölle hinabgeht und auch in die seelische Hölle von Menschen. Er geht dorthin, ist dort präsent und gibt die Möglichkeit, genau dort, das heißt im Schmerz und nicht am Schmerz vorbei, Liebe zu spüren – trotz aller Dunkelheiten.

Diese christliche Grundüberzeugung kann dort, wo ich als Trauerbegleiter/-in weiß, dass ich einen christlich-religiösen Menschen vor mir habe, hilfreich sein und dazu ermutigen, nicht am Schmerz vorbei zu begleiten, sondern den Schmerz eines trauernden Menschen zu berühren.

Ich habe in diesem Abschnitt, der die Begriffe »Schuld« und »Versöhnung« aus der Sicht der Theologie in den Blick nimmt, überwiegend mit neutestamentlichen Texten argumentiert. Ich möchte es dabei nicht belassen, sondern auch noch einen beispielhaften Text aus dem Alten Testament anführen, der meines Erachtens einen hervorragenden Zugang anbietet, um tief zu verstehen, was Vergebung und Versöhnung bedeuten und was eben nicht. Es geht um die im Buch Genesis 32, 4–22 und 33, 1–17 beschriebene Geschichte der Wiederbegegnung und Wiederannäherung der Brüder Jakob und Esau nach zwanzig Jahren der Trennung.

Zum Hintergrund: Jakob und Esau sind Zwillingsbrüder. Jakob erschleicht sich unrechtmäßig das Erstgeburtsrecht und den Vatersegen für den Erstgeborenen und wird dadurch objektiv und auch im eigenen Bewusstsein schuldig. Diese Erfahrung steht zwischen den beiden, zwanzig lange Jahre. Auch nach dieser langen Zeit ist Jakob dieses Unrecht noch sehr bewusst und er sieht der anstehenden Begegnung mit seinem Bruder mit erheblicher Sorge entgegen. Zunächst entsendet er Boten, um sein Anliegen ankündigen zu lassen. Als er erfährt, dass Esau bereits seinerseits im Anmarsch ist, sendet er ihm Geschenke. Diese Geschenke haben etwas von Unterwürfigkeit, aber auch von Strategie. Der Originaltext nutzt das hebräische Wort »minha« (מִנְחָה). Dieses Wort ist aufschlussreich, meint es doch von der Grundbedeutung »das Geschenk eines Geringeren an einen Höheren«. Damit will Jakob seinen Bruder versöhnen. Auch hier ist der alttestamentliche Text aufschlussreich. Dort steht zu lesen: »Ich werde sein Angesicht besänftigen mit dem Geschenk, das vor meinem Angesicht hergeht« (Genesis 32, 21). Diese Stelle lässt sich so verstehen, dass dahinter die Absicht steht, das eigene Angesicht zu bedecken, damit die vorhandene Schuld nicht mehr gesehen werden kann. Offensichtlich zeigt sich hier bei Jakob auch die Empfindung von »Scham«, die oft mit Schuld assoziiert ist. Scham hat immer etwas mit dem Gesichtssinn zu tun und dem Wunsch, sich zu bedecken, um nicht mehr gesehen zu werden.[7]

---

7 Zum Beispiel: »Am liebsten würde ich vor Scham im Boden versinken.«

Die wenig später stattfindende Begegnung der beiden Brüder hat dann ganz überraschende Anteile. Zum einen erscheint Esau viel schneller als erwartet. Jakob reagiert mit einer siebenfachen tiefen Verbeugung, die ebenfalls seine Scham und sein immer noch lebendiges Schuldgefühl ausdrückt. Ganz anders reagiert Esau, indem er seinem Bruder entgegenläuft, ihn küsst und herzlich in die Arme nimmt (Genesis 33, 4). Im Buch Genesis ist an dieser Stelle zu lesen, dass beide weinen. Im weiteren Verlauf macht Esau das Angebot, nun auch gemeinsam weiterzuziehen, mit anderen Worten, die weitere Zukunft gemeinsam zu verbringen. Dieses Angebot wird von seinem Bruder Jakob jedoch abgelehnt. In der Ablehnung bleibt er aber wertschätzend und wahrt den Respekt vor seinem Bruder, so dass dieser sein Gesicht wahren kann und nicht schamhaft bedecken muss. Er tut alles, um ihn mit dieser Ablehnung nicht zu kränken. Im Endeffekt gehen nach dieser Begegnung die beiden Brüder wieder getrennte Wege. In ihrem aufschlussreichen Text zum Thema »Konfliktlösung zwischen Harmonieseligkeit und Eskalation – Die Wiederbegegnung von Jakob und Esau« schreibt Schröder, dass »es scheint, dass Jakob in seiner besonnenen Art klarer weiß als der impulsive Esau, dass es Dinge gibt, die nicht aus der Welt geschafft werden können. Ihn kennzeichnet das Misstrauen dessen, der selber viel betrogen hat. Geraubter Segen kann schlichtweg nicht ›zurückgegeben‹ werden, Vergangenes nicht ungeschehen gemacht werden. Der Beziehung der Brüder ist und bleibt versehrt und verwundet, daran kann auch die Wiedersehensfreude nichts ändern« (Schröder, 1994).

Die Quintessenz, die Schröder daraus zieht, halte ich für bedeutsam, ebenso wie das Anerkenntnis, dass die Beziehung eine verwundete Beziehung ist und nach all dem, was geschehen ist, auch bleiben wird. Dass dies trotz der bleibenden Verwundung auch Versöhnung bedeutet und dass der Begriff »Versöhnung« nicht bedeutet, in jedem Fall in die vollständige und, mehr noch, vollendete Harmonie zu gelangen (sofern es diese überhaupt geben kann), wird an diesem alttestamentlichen Text greifbar.

Versöhnung zwischen Menschen muss nicht in jedem Fall ein wie auch immer geartetes Zusammenleben mit sich bringen; sie kann auch ein anderes und trotzdem stimmiges Gesicht haben, dass sich nämlich Menschen in Frieden trennen und jeder in seiner Art und Weise weiterlebt und den Anderen mit seiner Art zu leben achtet und sein lässt.

Was kann uns dieser alte Text mit dieser Deutung sagen? Welche Botschaft hat er für mich als Trauerbegleiter/-in? Zum einen führt er uns vor Augen, dass eine Versöhnung nicht »billig« sein darf und kann. Diese Begegnungs- und Versöhnungsgeschichte ist jedenfalls keine »billige Versöhnung«, ganz im Gegenteil. Sie achtet die Einzigartigkeit der beiden Beteiligten und nivelliert nicht die vorhandenen Unterschiedlichkeiten. Für Trauerbegleitende ist diese Geschichte daher ein hilfreiches Paradigma für das eigene Handeln in Versöhnungszusammenhängen. Sie erinnert in ihrer Bildhaftigkeit daran, was zu unterlassen ist und was zur Rolle von Trauerbegleitenden gehört, nämlich in einem gut und richtig zu verstehenden Sinn absichtslos zu sein. Es geht nicht um meine Idee oder gar Ideal von Versöhnung, sondern wesentlich um die Ideen, die Möglichkeiten und Begrenztheiten, die ein trauernder Mensch in sich trägt, den ich begleite. Das heißt, dass ich als Trauerbegleitender realistisch und distanziert bleiben muss, ebenso wie auch zur Versöhnung ein realistischer Blick eines trauernden Menschen gehört, der für sich möglicherweise genau spürt, wo er noch etwas klären will und muss, der aber auch sein eigenes Bedürfnis nach Distanz berücksichtigt wissen will.

Die Geschichte der Wiederbegegnung von Jakob und Esau kann helfen, in diesem Sinne realistisch zu sein oder zu werden. An keiner Stelle ist dieser Text geneigt, Gegensätze aufzulösen oder zu verschmelzen. Vielmehr ermutigt er dazu, sich auf die gemeinsame Suche nach konstruktiven Lösungen zu machen, die das anzuerkennende Abgrenzungsbedürfnis eines Menschen, den ich begleite, respektiert.

Schuld und Versöhnung – ein philosophischer Blick

Bei der Literaturrecherche zu den Begriffen »Versöhnung« und »Schuld« aus philosophischer Sicht wird man schneller beim Begriff »Schuld« als beim Begriff »Versöhnung« fündig und gelangt über den Schuldbegriff zur Existenzphilosophie und zu einem ihrer Hauptvertreter, dem Arzt und Philosophen Karl Jaspers (1883–1969). Das Grundanliegen der Existenzphilosophie ist es, dem Menschen das volle Bewusstsein seiner Freiheit zu vermitteln. In der Existenzphilosophie wird unterschieden zwischen dem »Existieren« einerseits und dem »Sein« andererseits. Menschen existieren und müssen aktiv ihr Leben in die Hand nehmen und gestalten. Im Gegensatz dazu »existieren« zum Beispiel Pflanzen nicht, sondern sie »sind«.

»Existieren« in diesem Verständnis, also das Eigene in die Hand zu nehmen, es gestalten zu können und gestalten zu müssen, bedeutet, die Freiheit zu haben, sich zu entscheiden. Aus dieser Freiheit leitet Jaspers die Pflicht des Menschen ab, sich selbst zu verwirklichen, das heißt, sich Lebensziele zu setzen und diese auch zu realisieren. Dagegen setzt er bestimmte Grundsituationen menschlichen Daseins, die er »Grenzsituationen« nennt. Damit meint er Situationen, denen wir als Menschen wesensmäßig unterworfen sind, die wir nicht ändern können, die sich schicksalhaft ereignen und zu denen Menschen sich verhalten müssen. Nach Jaspers ist es für das Gelingen oder Scheitern der zuvor angesprochenen Selbstverwirklichung von elementarer Bedeutung, wie der individuelle Mensch mit den in einem jeden Leben nicht zu vermeidenden »Grenzsituationen« umgeht. Zu diesen Grund- bzw. Grenzsituationen gehören nach Jaspers (vgl. Salamun, 1985, S. 68 f.): Tod, Leiden, Kampf, die Fragwürdigkeit allen Daseins und eben auch die Schuld.

Die Schuld, das Schuldigwerden und daraus resultierend die Notwendigkeit des Vergebens, Verzeihens und der Versöhnung (auf die wichtige Differenzierung dieser Begriffe gehe ich nachfolgend noch ein) ergeben sich daraus, dass jedes menschliche Lebewesen Gegensätzlichkeiten und nicht aufhebbaren Widersprüchen ausgesetzt ist. Auch die eingangs benannte Möglichkeit, die zugleich quasi eine unumgängliche Verpflichtung darstellt, nämlich die Freiheit zu haben, sich zu entscheiden, bedeutet in jedem Fall, sich immer auch gegen etwas oder gegen jemanden zu entscheiden, und damit auch potenziell gegen dessen elementare Interessen – mal mehr und mal weniger, mal mit zu vernachlässigenden Konsequenzen für den Mitmenschen, aber mitunter auch mit gravierenden Folgen für mein Gegenüber. Dieser philosophische Denkansatz macht erneut deutlich, dass es keine Chance gibt, Schuld überhaupt zu vermeiden.

Jaspers schreibt, dass das Gelingen oder Misslingen der menschlichen Selbstverwirklichung davon abhängt, wie der einzelne Mensch mit Grenzsituationen umgeht. An dieser Stelle kommt der Versöhnungsbegriff ins Spiel. Denkt man den Gedanken weiter, dann bedeutet menschliche Selbstverwirklichung, nicht in der unvermeidbaren Grenzsituation »Schuld« zu verharren, sondern in aller menschlichen Freiheit und Verantwortung in eine innere Bewegung zu gehen, die Vergebung, Verzeihung und im besten Fall sogar Versöhnung erreicht.

An diesem Punkt ist es im Sinne menschlicher Freiheit nach meiner Einschätzung das Höchstmaß menschlicher Existenz und »Selbstverwirklichung«, wenn Versöhnung auch noch mit einem bereits verstorbenen Angehörigen gelingen kann und ein hinterbliebenes Familienmitglied auch stellvertretend zu sagen imstande ist: »Ich versöhne mich mit dir und der Situation« und vielleicht sogar noch einen Schritt weitergehen kann mit der Aussage und Zusage: »Nachdem ich verstehen konnte und durfte, warum du so gehandelt oder auch nicht gehandelt hast: Ich söhne dich aus!«

*Schuld und Versöhnung
aus dem Blickwinkel der Psychologie*

Schuld und Versöhnung sind zunächst einmal keine Begriffe, die dem typischen psychologischen Vokabular entstammen. Mehr noch gilt, das Schuld und Versöhnung in den zurückliegenden Jahrzehnten in den Verhaltenswissenschaften so gut wie keine Rolle gespielt haben und im Grunde genommen sogar tabuisierte Themen waren (Weiher, 2011, S. 261 f.). Auch Ziemer (2011) weist darauf hin. Menschen werden zwar immer wieder schuldig, doch Schuld und nachfolgend das Thema Vergebung/Versöhnung ist nur selten eines der Psychologie. Ziemer bringt das in Zusammenhang damit, dass die Psychologie keine normative Wissenschaft ist, also keine, der es um ethische Handlungsoptionen oder moralische Bewertungen geht. Aus diesem Grund, so sagt er, ist das Schuldthema in die Zuständigkeit von Philosophen, Juristen, Ethikern und Theologen verwiesen worden.

Die Psychoanalytikerin Bauriedl stellt fest, dass man mitunter den Eindruck haben kann, dass in psychoanalytischen Kreisen das Erleben bzw. Fühlen von Schuld etwas »Neurotisches« sei und etwas, was man »als ›gesunder Mensch‹ nicht haben sollte« (Bauriedl, 2005, S. 117). Im weiteren Verlauf ihres in diesem Zusammenhang aufschlussreichen Artikels geht Bauriedl auf die Frage der Auflösung von Schuld und Schuldgefühlen ein. In diesem Kontext taucht dann auch der Begriff »Versöhnung« auf. Spannend ist dabei ihre Feststellung, dass die Veränderungen, die im Rahmen einer Vergebung von Schuld in Gang gesetzt werden, einen Versöhnungsprozess in Bewegung bringen, der immer beide Seiten verändert. »In jedem Fall gehen bei beiden Beteiligten intrapsychische Veränderungen vor sich. Man entlässt sich […] aus dem Menschenbild, dass den anderen als ›grundsätzlich böse‹ definiert. Stattdessen entsteht ein Bild vom anderen als von einem Menschen, der grundsätzlich etwas Gutes will. […] Die Veränderung betrifft aber nicht nur die Sicht des jeweils anderen. Sie geht immer auch mit einer Versöhnung mit der eigenen Person einher. Auch in der eigenen Person verändert sich das ›Menschenbild‹ […] Im Vorgang der Versöhnung geschieht also der Übergang vom Kampf gegen das Böse zum Erleben der Bedürfnisse nach befriedigender und sicherer Mitmenschlichkeit in der eigenen Person und beim anderen« (Bauriedl, 2005, S. 118 f.).

Betrachtet man das Thema »Versöhnung« aus der psychologischen Perspektive, dann gehört dazu zweifelsfrei die Sichtweise der analytischen Psychologie nach C. G. Jung. Bereits im Abschnitt zur Unvermeidbarkeit von Verletzungen (s. S. 22 ff.) bin ich kurz auf Gedanken von Jung eingegangen. Sich mit sich selbst zu versöhnen als erster Schritt, um in die gelingende Versöhnung mit anderen zu kommen, bedeutet, den eigenen »Schatten« zu sehen, diesen anzunehmen und darüber hinaus sich genau damit auszusöhnen. Der Begriff des »Schattens« ist ein zentraler Terminus bei Jung (vgl. Jacobi, 2008, S. 111). Der »Schatten« steht für alles, was wir nicht wahrhaben wollen, was wir abspalten und verdrängen. Jung betont, »dass wir alle einen Schatten haben, dass alles Stoffliche einen Schatten wirft, dass das Ich sich zum Schatten verhält wie Licht zu Schatten, und dass gerade der Schatten uns menschlich macht« (Samuels et al., 1989, S. 191 f./vgl. auch S. 116 in diesem Buch). Wir leben in Dualität, und zwar sowohl als Einzelindividuen als auch die Welt als Ganze. Es geht darum, das Vorhandensein dieser Dualität anzuerkennen und sich damit zu versöhnen. Jung spricht statt von Dualität von Polarität. Gemeint ist letztlich das Gleiche. Menschen bewegen sich immer zwischen zwei Polen. Die Verdrängung einer dieser beiden Seiten in uns in den »Schatten« bringt die Notwendigkeit mit sich, sich letztlich genau diesem Schatten zu stellen. Grün formuliert dies in folgender Weise:

»Wollen wir ganz heil werden, dann müssen wir uns unserem Schatten stellen. Wir müssen uns damit aussöhnen, dass in uns nicht nur Liebe ist, sondern auch Hass, dass trotz allen religiösen und moralischen Strebens auch mörderische Tendenzen in uns sind, sadistische oder masochistische Züge, Aggressionen, Wut, Eifersucht, depressive Stimmungen, Angst und Feigheit. Wer sich dem eigenen Schatten nicht stellt, der projiziert ihn unbewusst auf andere« (Grün, 1992, S. 10 f.). Dieses Zitat macht deutlich, warum die Aussöhnung mit sich selbst als Voraussetzung für die Versöhnung mit anderen so wichtig ist. Beides korrespondiert miteinander. Es ist wichtig, den nichtdualistischen Blick auf den Anderen und auf sich selbst zu richten. Grün weist darauf hin, dass die Psychologie uns sagt, »dass der Menschen krank wird durch Aggressionshemmung, Bedürfnishemmung und Lusthemmung. Ich muss mich also zuerst einmal damit aussöhnen, dass in mir Aggressionen sind, Bedürfnisse und Sehnsucht nach Lust. Und dann muss ich nach Wegen suchen, gut mit meinen Aggressionen und Bedürfnissen umzugehen« (Grün, 1992, S. 11). An dieser Stelle ist es mir wichtig, zu ergänzen und das Zitat von Grün fortzuführen: auch und gerade in Situationen der Trauer!

Exkurs: Schuld und Versöhnung aus neurobiologischer Perspektive

Bevor ich auf die drei geläufigen Begriffe eingehe, die in unserem Sprachraum Anwendung finden (Vergebung, Verzeihung, Versöhnung), möchte ich mit einem kleinen Exkurs auf einige Erkenntnisse aus den Neurowissenschaften zu sprechen kommen, die für das Verständnis des Phänomens Trauer, aber mehr noch für das Verständnis trauernder Menschen von großer Bedeutung sind. Die Erkenntnisse der modernen Hirnforschung sind insbesondere im Hinblick auf die Art und Weise der konkreten Begleitung von Menschen in Schuldzusammenhängen aufschlussreich.

Unser menschliches Gehirn besteht aus unterschiedlichen Ebenen, die in Zeiten akuter Trauer ganz unterschiedlich aktiviert sind. Ganz vereinfacht dargelegt befinden sich in der ersten, untersten Ebene der Hirnstamm und das Kleinhirn. Diese Ebene steuert lebenswichtige vegetative Grundfunktionen (z. B. Atmung, Herzschlag). In der zweiten Ebene befinden sich unter anderem das limbische System, welches für die Emotionen zuständig ist, das Belohnungssystem und das Alarmsystem (Mandelkern/Amygdala). In der dritten Ebene befinden sich unser Sprachzentrum und die Bereiche, die für das Denken, Planen und Handeln zuständig sind (Onnasch u. Gast, 2015, S. 30 f.; Hülshoff, 2012, S. 87 ff.). Die neurobiologische Forschung konnte feststellen, dass in Phasen aktueller Trauer vor allem die beiden unteren Ebenen des menschlichen Gehirns aktiviert sind. Neben der Primäremotion der Trauer gehen von hier aus auch Impulse aus, die komplementäre Reaktionen wie Müdigkeit, Erschöpfung usw. auslösen. Diese beiden Ebenen, auch das ist neurobiologisch-wissenschaftlich belegt, sind durch das Großhirn, also durch Kognition und Ratio, nur wenig zu beeinflussen und zu steuern. Allerdings gibt es Steuerungsmöglichkeiten durch den oberen Bereich der zweiten Ebene. Zur Ebene des Großhirns gehören unter anderem Strukturen, die unser Wertesystem und das Erleben unseres Ichs repräsentieren. Dieses Wertesystem kann beruhigend auf das Alarmsystem (Amygdala/Mandelkern) Einfluss nehmen und so übermäßige Emotionen regulieren, es kann aber auch durch übermäßige Strenge den Stress verstärken (z. B. durch Äußerungen wie: »Du darfst dich nicht gehen lassen« oder »Du musst dich zusammenreißen«). Entlastend ist dagegen eine gewährende innere Haltung, die keinen Druck ausübt (z. B. »Du darfst dir mit deiner Trauer Raum und Zeit nehmen« oder »Es ist in Ordnung, dass du momentan so empfindest«).

Eine hilfreiche Einflussnahme auf die affektive und emotionale Ebene kann über Bilder, Symbole und Rituale und darüber hinaus auch durch Begegnungen im Durcharbeiten von emotionalen Schmerzen erfolgen. Ich denke an dieser Stelle an das mögliche Angebot in einer Trauerbegleitung, in den inneren Dialog mit Verstorbenen zu gehen und die Möglichkeit zu eröffnen, dass ein trauernder Mensch die Dinge aussprechen kann, die zu Lebzeiten eines verstorbenen Menschen nicht gesagt werden konnten. Solche Angebote an trauernde Menschen, so sie sich darauf einlassen können, können gerade im Hinblick auf Schuldfragen und unversöhnte Anteile eine befreiende Wirkung haben und in echten und tragfähigen Versöhnungsprozessen münden. Das hier zu erwähnen, ist mir wichtig, denn Schuldgefühle sind in Trauerprozessen fast die Regel und in vielen Fällen bedeuten sie für die Betroffenen eine große Belastung. Festzuhalten bleibt, dass diese Areale des menschlichen Gehirns wichtig sind im Blick auf die Frage nach Schuldgefühlen, Versöhnung und Neuanfang, also den zentralen Themen dieses Buches.

Bei den nachfolgenden Fallbeispielen finden sich Situationen wieder, welche die hier in aller Kürze vorgestellten Erkenntnisse zum Teil intuitiv, situationsgerecht und hochwirksam nutzen. Im dritten Teil dieses Buches komme ich dann noch einmal auf die praktischen Möglichkeiten zurück, die in der bewussten Nutzung von Bildern, Symbolen und Ritualen liegen.

Notwendige Differenzierung: Vergebung - Verzeihung - Versöhnung

Die deutsche Sprache hält drei Begriffe bereit, die in diesem Zusammenhang Anwendung finden: Vergebung, Verzeihung und Versöhnung. Dieses Buch konzentriert sich bewusst auf den Begriff »Versöhnung«, der aus meiner Sicht alles andere als ein Synonym für die anderen Begriffe darstellt, sondern sich qualitativ deutlich von ihnen abhebt und zugleich weitere, offenere

Möglichkeiten und Chancen in sich birgt. Zusätzlich schließt er auch die spirituelle Ebene mit ein.

Zur wechselseitigen Abgrenzung und um die besondere Qualität des Begriffs »Versöhnung« herauszustellen, folgt nun zunächst eine getrennte Erläuterung dieser drei Begriffe.

Vergebung

Beim Begriff »Vergebung« (Absolution – lateinisch »absolvere«: freisprechen) mag man schnell an ein (kirchen-)amtliches Tun denken. Ein Pfarrer vergibt qua Amt die Sünde/Schuld eines reuigen Menschen im Ritual und Sakrament der Buße, welches interessanterweise und meines Erachtens richtigerweise zunehmend als Sakrament der Versöhnung bezeichnet wird, und erteilt die Absolution, die Lossprechung (»ego te absolvo«). Umgangssprachlich hingegen ist dieser Begriff eigentlich kaum gebräuchlich. Wenn Menschen aneinander schuldig geworden sind oder Vorwürfe im Raum stehen, dann wird tendenziell der Begriff der Verzeihung benutzt. Wir sagen eher, wenn überhaupt: »Ich verzeihe dir!«, nicht aber »Ich vergebe dir!«. Der Aussage »Ich vergebe dir!« haftet auch eher der »Geschmack« an, dass hier etwas von oben nach unten, auf jeden Fall nicht auf Augenhöhe oder partnerschaftlich geschieht.

Im Lexikon der Psychologie taucht der Begriff »Vergebung« mit folgender Erläuterung auf: »Vergebung kann verstanden werden als eine Reaktion auf persönlich oder kollektiv erfahrenes Unrecht. Diese kann Veränderungen in kognitiven […], affektiven […], motivationalen […] und Verhaltenskomponenten […] beinhalten, die im Vergleich zu der Anfangsreaktion unmittelbar nach dem Unrecht in Bezug auf den Täter […] vorwiegend positiv sind« (Noor, 2017, S. 1774). In der Vergebungsforschung ist laut Noor umstritten, ob Vergebung ausschließlich im gegenseitigen Verhältnis und zugleich wechselseitig möglich und wirksam ist oder ob sie auch einseitig geschehen kann. »Eine Position geht davon aus, dass Vergebung nur dann eine positive Auswirkung auf die Opfer-Täter-Beziehung haben kann, wenn der Vergebung ein gewisses Maß an Schuldanerkennung, Reue und Wiedergutmachung vorausgeht (Noor, 2017). Die andere Position lenkt den Blick auf ganz spezifische Situationen und sieht für diese, dass eine nicht an Bedingungen geknüpfte Vergebung (also ohne Schuldanerkennung und signalisierte Bereitschaft zur Wiedergutmachung der Gegenseite) eben doch auch einen psychologischen Nutzen haben kann. Die in diesem Zusammenhang angeführten besonderen Situationen, zum Beispiel solche, in denen Täter und Opfer nicht klar identifizierbar sind (Noor, 2017), bewegen sich aber in Zusammenhängen, die für das hier im Blickpunkt stehende Thema nicht relevant sind.

In den allermeisten Kontexten wird Vergebung tatsächlich interpersonal verstanden, zwischen zwei Menschen in der konkreten Begegnung und im wechselseitigen Austausch und Prozess. Weingardt weist in ihrer umfangreichen Untersuchung zum Prozess des Vergebens darauf hin, dass es sich beim Verb »vergeben« um ein transitives Verb handelt, das eine Beziehung zwischen Personen voraussetzt« (Weingardt, 2000, S. 12). Im Wort »Vergebung/vergeben« steckt das Wort »geben«, also etwas hergeben oder auch einen Anspruch bzw. eine Haltung aufgeben. Auch über diesen sprachlichen Zugang lässt sich verdeutlichen, dass Vergebung tendenziell ein konkretes Gegenüber braucht, jemanden, dem ich etwas zurückgebe, dem ich etwas hergebe.

Verzeihung

Auch dieser Begriff taucht im psychologischen Lexikon auf. Im Gegensatz zum Begriff der Vergebung wird das Verzeihen als sowohl inter- als auch intrapersonaler Prozess bezeichnet »der sich in einer prosozialen Veränderung von Affekt, Kognition und dem Verhalten gegenüber einem Schadensverursacher äußert (Bierhoff, 2017, S. 1795 f.). Klarer noch als im Lexikon-

Artikel stellt die Philosophin Flaßpöhler diesen Begriff dar: »Wer verzeiht, handelt weder gerecht noch ökonomisch noch logisch. Verzeihen bedeutet dem Wort nach: Verzicht auf Vergeltung. Verzicht auf Wiedergutmachung. Der Verzeihende fordert nicht, was ihm eigentlich zusteht. Er lässt ab, entsagt, hört auf zu ›zeihen‹, das heißt zu benennen, bekannt zu machen. Das ewige Zeigen auf die Wunde, das Bezichtigen eines anderen, findet mit dem Verzeihen ein Ende« (Flaßpöhler, 2016, S. 19).

Weingardt (2000, S. 12 f.) merkt an, dass im Begriff »Verzeihen« das Wort »verzichten« steckt, dass es also beim Verzeihen darum geht, einen berechtigten Anspruch aufzugeben. Sie schreibt, dass »verzeihen« auch die Bedeutung haben kann, einer menschlichen Schwäche oder einem persönlichen Mangel mit Verständnis zu begegnen bzw. sie hinzunehmen. Darin steckt möglicherweise etwas Herablassendes, eben etwas nicht Versöhnendes. In Abgrenzung dazu betont Weingardt, dass der Begriff »Vergebung« deutlich enger definiert und auch positiver konnotiert ist: »auch wird im Wort ›Vergebung‹ das Negative des ›Verzichts‹ in das Positive des Gebens gewendet« (Weingardt, 2000, S. 13).

Versöhnung

Der Begriff der Versöhnung findet sich im Gegensatz zu den Begriffen »Vergebung« und »Verzeihung« interessanterweise nicht in den klassischen psychologischen Wörterbüchern. Ich stelle ihn dennoch bewusst in den Mittelpunkt dieses Buches, weil er für mich am intensivsten zum Ausdruck bringt, welche inneren Prozesse Trauernde zu gehen imstande sind. In der Abgrenzung zu den Begriffen »Vergebung« und »Verzeihung« wird meines Erachtens schnell deutlich, dass es beim Akt der Versöhnung um eine andere Qualität geht, von der ich annehme, dass sie auch erreicht werden kann im Gegenüber von trauernden Menschen zu ihren verstorbenen Angehörigen bzw.

Zugehörigen. Mit anderen Worten: Es braucht dafür nicht zwingend den interpersonalen Prozess.

Weingardt stellt fest, dass es bei der Versöhnung um die Wiederherstellung eines guten Verhältnisses zwischen zwei Personen geht. Dies sei grundsätzlich auch das Ziel von Vergebung, wobei sie anmerkt, dass längst nicht immer der Akt des Vergebens von einer wirklichen Versöhnung besiegelt wird (Weingardt, 2000, S. 16). Auch daran zeigt sich, dass Versöhnung der weitreichendere Prozess ist.

Nachfolgend benennt Weingardt drei Voraussetzungen für gelingende Versöhnungen, denen ich im Kontext »Trauerbegleitung« und »Versöhnung in der Trauer« allerdings nicht ganz folgen kann. Zum einen setzt sie voraus, dass derjenige, der sich versöhnen will, in Kontakt stehen muss mit demjenigen, dem er die Versöhnung anbietet. Hier wäre zu hinterfragen, was »in Kontakt stehen« konkret bedeutet. Trauernde beschreiben häufig ihren intensiven emotionalen Kontakt zu einem verstorbenen Angehörigen, auch wenn dieser Kontakt nicht mehr leibhaftig ist. Ist es nicht die Trauer selbst, die den Kontakt zu einem verstorbenen Angehörigen intensiv aufrechterhält?

Oft habe ich erfahren dürfen, dass trauernde Menschen auch ohne ein leibhaftiges Gegenüber in der Lage waren, in tiefe Versöhnungsprozesse einzutreten, die für sie selbst außerordentlich hilfreich und darüber hinaus auch heilsam waren. Die nachfolgenden Fallbeispiele im zweiten Teil des Buches mögen das eindrucksvoll belegen.

Weingardts zweite Voraussetzung besagt, dass derjenige, mit dem eine Versöhnung erreicht werden soll, um die Verletzung wissen muss, die er einem Anderen zugefügt hat. Im Nachsatz erläutert Weingardt, dass es viel unbewusstes Verletzen zwischen Menschen gibt (Weingardt, 2000, S. 16). Zweifelsohne ist das so. Umso wichtiger ist mir in diesem Kontext die Betonung, dass trauernde Menschen dennoch mit verstorbenen Angehörigen in Versöhnungsprozesse eintreten können. Meine Erfahrung aus der Begleitung von vielfältigen Trauerprozessen ist die, dass das Erkennen und Verstehen der Begrenzungen und Verletzungen von Angehörigen (oftmals von Eltern) eine Akzeptanz dieses so individuellen Gewordenseins mit sich bringen kann, was dann häufig in tiefe und berührende Versöhnungsbewegungen hineinführt. Diese Versöhnungsprozesse initiieren trauernde Menschen in aller Regel aus eigenem Antrieb, nachdem sie zuvor in der Lage waren, in einer wertschätzend-achtsamen Begleitung einen solchen Weg des Verstehens zu gehen.

Die dritte Voraussetzung, die Weingardt benennt, besagt, dass derjenige, mit dem Versöhnung geschehen soll, seine Schuld anerkennt (Weingardt, 2000, S. 16).

Für mich gilt für diese Voraussetzung das Gleiche wie bei der zweiten Vorgabe. Wenn ein trauernder Mensch die biografischen Rahmenbedingungen eines Angehörigen verstehen lernen kann und möglicherweise zugleich erkennt, dass die eigenen Eltern (da, wo es um die Trauer um Vater oder Mutter geht) selbst diese Möglichkeiten des Verstehens und der Selbsterkenntnis nicht hatten, dann liegt in einer solchen Situation auch die Chance der Versöhnung – selbst dann, wenn Schuld nie anerkannt werden konnte, jedoch, und das ist wichtig, nicht aus Unwillen, sondern aus biografisch nicht möglicher Selbsterkenntnis.

Teil II

Prozesse der Versöhnung – Praxisberichte

Die nachfolgenden Beispiele entstammen überwiegend der eigenen Beratungs- und Begleitungstätigkeit und zum Teil auch der Arbeit von Kolleginnen und Kollegen. Mir war es wichtig, mit diesen Beispielen eine möglichst große Breite an konkreten Situationen abzubilden. Aus diesem Grund habe ich auch – gemessen am Umfang dieses Buches – eine relativ große Zahl an Fallbeispielen zusammengestellt. Mir ist es wichtig, zu betonen, worum es mir bei der Vorstellung dieser Beispiele geht. Es geht mir nicht darum, Beispiele mit einer konkreten praktischen Zielvorstellung zu benennen. Das ist allein schon deshalb nicht möglich, weil die Versöhnungsprozesse, die sich in den Fallbeispielen ereignen, sich der unmittelbaren Machbarkeit und Einflussnahme durch Trauerbegleitende entziehen. Versöhnung ist und bleibt ein Geschenk, zuallererst für den Trauernden und mittelbar, sofern sie in der Begleitung erfahrbar wird, auch für die Trauerbegleitenden. Die jetzt folgenden Beispiele benenne ich in der Absicht, zu sensibilisieren und die eigenen Antennen für die Chancen, die in Versöhnungsprozessen liegen können, weit auszufahren. Zugleich sollen die Beispiele dazu beitragen, zu erkennen, dass ich als Trauerbegleiter selbstverständlich einen solchen Versöhnungsschritt nicht im eigentlichen Sinn bewirken kann. Ich kann vielleicht Anstöße geben und mitunter Brücken bauen, die konkreten

Wege zur Versöhnung und den richtigen Zeitpunkt kennt aber nur der Mensch, der (noch) Unversöhntes in sich trägt. Und auch nur er kann für sich entscheiden, ob er in die Versöhnung gehen kann und will oder (noch) nicht.

Was ich damit sagen will: Es kann und darf nie ein absolutes Ziel von Trauerbegleitenden sein, Versöhnung zu erreichen oder gar herzustellen. Aber ich glaube, dass es wichtig ist, um die Chancen zu wissen, die in solchen Prozessen liegen können. Was dann als Haltung bleiben muss, ist eine große Aufmerksamkeit in der eigenen Wahrnehmung (»Wo spüre ich möglicherweise bei einem trauernden Menschen zwischen den Zeilen das Versöhnungsthema?«) und zugleich eine achtsame Zurückhaltung, die mit eigenen Impulsen so umgeht, dass sie trauernde Menschen nicht überfordert, sie nicht drängt und schon gar nicht ihnen ein Thema überstülpt. Hilfreich für eine solche Haltung sind die drei Grundhaltungen aus der personzentrierten Gesprächsführung: Wertschätzung, Empathie und Echtheit verhelfen dazu, in einer solchen Aufmerksamkeit und zugleich wachsamen Zurückhaltung für einen trauernden Menschen da sein zu können. In den Fallbeispielen wird dies deutlich. Die authentischen Fallbeispiele zeigen, welche tiefe und weitreichende Entwicklungen Menschen in Trauer durch Versöhnungsprozesse machen können. Diese Erfahrungen haben etwas Ermutigendes für Trauerbegleitende und verdienen zugleich hohen Respekt. Ich werde die nachfolgenden Fallbeispiele nur im Einzelfall und auch nur sehr begrenzt kommentieren, denn sie sprechen, wie ich finde, für sich.

Fallbeispiel 1: Späte Versöhnung[8]

Frau von S., die kürzlich verwitwete Frau des Dekans der Fachhochschule in R., bittet um Aufnahme in die Trauerbegleitung. Sie ist sehr aufgeregt und möchte »mindestens« zwei Mal pro Woche

---

[8] Anonymisiertes Fallbeispiel aus der Beratungspraxis von Monika Müller.

kommen. »Bei Bedarf zwischendrin auch mal anrufen und eine Mail schicken, ja?«

Herr von S. war viele Jahre krank gewesen. Er litt an verschiedenen Symptomen gleichzeitig, die nie exakt voneinander abgegrenzt und diagnostiziert worden waren. Herr von S. war in allem sehr tapfer, so erzählte Frau von S. während unserer gemeinsamen Arbeit immer wieder, und er sei ohne größere Fehlzeiten seinen Verpflichtungen nachgegangen. Dazwischen sei er aber oft sehr müde und niedergeschlagen gewesen und habe sich dann ausschließlich Ruhe und Entspannung gewünscht.

Worunter Frau von S. neben den normalen Verlust- und trotz großer Familie vorherrschenden Einsamkeitsgefühlen besonders litt, waren Schuldgefühle. Sie, eine umtriebige, unternehmungslustige, nahezu ruhelose Persönlichkeit, konnte es nicht ertragen, dass er seine Krankheit annahm, sich ihr gleichsam »hingab«. Es verging kaum ein Tag, an dem sie ihren Mann nicht aufforderte, etwas zu seiner Gesundung zu tun. Sie holte ihn vom Schreibtisch zum ausführlichen Spazierengehen. Sie kochte ihm, dem Feinschmecker, salzlose Gersten- und Haferschleimsuppen. Sie schickte ihn dauernd zum Arzt und verbrachte die Urlaube mit Anwendungen in verschiedenen Kurkliniken, statt zum Beispiel die Seidenstraße oder die Amalfiküste zu bereisen, was er sich sehnlichst wünschte. »Du *musst* gesund werden, für mich«, war eine stehende Redewendung. In all den Jahren bat ihr Mann immer wieder um Nachsicht. Er erklärte ihr, dass er sich diese Krankheit doch nicht »genommen« habe, und schon gar nicht, um ihr das Leben zu erschweren.

Sie aber ließ nicht ab.

Ich bekam zusehends ein Gefühl von dem Druck, den sie auf ihn ausgeübt haben musste, weil ich bei ihren Erzählungen in der Gegenübertragung Ähnliches spürte und sie ja auch in Bezug auf die Häufigkeit unserer Termine sehr fordernd war.

Ihr tat der Druck auf ihren Mann einerseits leid, aber andererseits »müssen Sie mich doch verstehen, es war doch unser gemeinsames Leben, das er mit seiner Krankheit verplemperte und auch mir verdarb!«

Im letzten halben Jahr seines Lebens intensivierte sie in dem Maß, wie es ihm schlechter ging, ihre Bemühungen und fachärztlichen Konsultationen und verfeinerte die Diäten (er nahm vermeintlich zu und sie unterstellte ihm aushäusige Naschereien). Aufbaupräparate, Sportgeräte zur »Ertüchtigung«, dies und mehr kamen ins Haus und wurden nach eng getaktetem Zeitplan eingesetzt. Ihre Bemühungen gingen immer mehr in Vorschriften und Kontrollen über, allein, ihr Mann wurde immer schwächer.

Am Tag vor seinem Tod lag er im Bett, wie sie sagte, »mit zufriedener Miene«. »Was schaust du so zufrieden aus?«, fragte sie ihn, »dabei kannst du heute gar nicht aufstehen und noch nicht einmal deine Trinktasse halten.« Er hat ihr geantwortet: »Ich schaue so zufrieden aus, weil du mich nicht scheuchen kannst und selbst du einsehen musst, dass es mit mir zu Ende geht. Und dass ich heute meine Ruhe haben darf, das ist sehr, sehr schön.« Am nächsten Morgen fand sie ihn verstorben.

Während der sechsmonatigen Begleitung schwärmt Frau von S. immer wieder von ihres Mannes Liebenswürdigkeit, seiner umfassenden Sorge um die Familie, von seiner Beliebtheit bei Studenten und Kollegen, seiner Bildung, an der er sie ohne zu bevormunden teilhaben ließ, seinem Humor, seiner Bescheidenheit. Dass sie ihn so »triezte«, bedauert sie zutiefst.

Einmal kommt Frau von S. sehr aufgeregt zu mir. Sie hat im Internet einen Artikel über eine äußerst seltene Herzkrankheit gelesen, deren Symptome eins zu eins mit denen ihres Mannes übereinstimmten bis hin zu der Tatsache, dass die Patienten oftmals gut gepolstert, ja füllig aussähen, was aber auf Wassereinlagerungen zurückzuführen sei. Als der Hausarzt, dem sie den

Artikel per Mail sendet, antwortet, dass er diese Krankheit am Ende auch vermutet habe, sie aber für eine Behandlung noch viel zu wenig erforscht sei, bricht Frau von S. in der Sitzung zusammen. Sie kann sich ihren Druck auf ihren Mann nicht verzeihen, auch wenn er doch »nur so gut gemeint« gewesen sei.

Ich schlage ihr eine »Stuhlarbeit« vor. Ihren Mann lasse ich ihr gegenüber Platz nehmen. Sie staunt, wie gut er aussieht und wie ausgesprochen freundlich er sie anschaut. Ich ermuntere sie, ihrem Mann von ihrem schlechten Gewissen und ihrer Unversöhnlichkeit mit sich selbst zu berichten. Das tut sie unter Schluchzen und mit verweintem Gesicht. Dann bitte ich sie nach einer Pause, auf dem Stuhl ihres Mannes Platz zu nehmen. Dort sitzt sie still und friedlich und lächelt schließlich. Auf meine Frage, ob sie als ihr Mann etwas sagen will, schüttelt sie den Kopf.

Zurück auf ihrem Platz nimmt sie wieder die Liste von Erklärungen und Entschuldigungen auf. »Wollen Sie ihn um etwas bitten?«, frage ich sie. Wieder Tränen, dann mit erstickter Stimme: »Ob er mir wohl verzeihen kann?« »Fragen Sie das *ihn*«, ermuntere ich sie. Mit erstickter kindlicher Stimme tut sie es.

Minuten später sitzt sie sich wieder selbst gegenüber. Lächelnd, entspannt. Dann spricht sie: »Weißt du, Liebes, das habe ich doch alles gewusst. Du konntest und wolltest nicht nur zusehen, dass es mit mir bergab ging. Das verstehe ich, auch wenn es sehr anstrengend für mich war. Gegenüber dir konnte ich mich nie zur Wehr setzen, von Anfang an nicht. Du warst einfach zu verführerisch, besonders, wenn du in Rage warst. Nenn es Schwäche, ich nenne es Liebe. Und dass es bei dir ausschließlich Liebe war, das habe ich gerade jetzt erst so richtig begriffen. Da ging es nicht um Rechthaberei oder Dominanz, nein, dir ging es um mich, um uns. Danke, du. Und vergib du mir, dass ich mich dieses eine Mal nicht fügen konnte. Nun lebe …«

Frau von S. saß wieder auf ihrem Platz, lauschte den Worten nach und weinte lange. Dann putzte sie sich entschlossen die

Nase, sprang auf und umarmte mich. »Das galt nicht Ihnen, tut mir leid, das war die Umarmung für ihn, meinen wunderbaren Wilhelm. Nun bin ich versöhnt, mit ihm, ja, endlich auch mit mir.«

In den folgenden und letzten drei Sitzungen ging es um Grabgestaltung und andere Themen.

Fallbeispiel 2: Versöhnung durch Verstehen
(Trauer um den Vater, der sich suizidiert hat)

In die Einzeltrauerbegleitung kommt eine junge Frau (Frau Hoff), Anfang bis Mitte dreißig, die sehr direkt im ersten Gespräch signalisiert, dass es ihr um eine Trauererfahrung geht, deren Ursprung sehr lange zurückliegt. Sie sei als jüngstes Kind mit ihren drei Geschwistern in den 1980er Jahren bei der vom Vater getrennt lebenden Mutter aufgewachsen.

Im Alter von fünf Jahren habe sie von ihrer Mutter erfahren, dass ihr Vater an einer Herzerkrankung ganz plötzlich verstorben sei. An der Beerdigung haben nach dem Willen der Mutter weder sie noch ihre Geschwister teilnehmen dürfen. Erst viel später habe sie erfahren, dass ihre drei älteren Geschwister damals über die tatsächliche Todesursache informiert worden waren. Außerdem erfuhr sie davon, dass die Beerdigung des Vaters anonym und ohne Familie stattgefunden hatte. Den eigentlichen Hintergrund des Todes ihres Vaters erfuhr sie aber noch viel später, nach 13 Jahren durch ihren ältesten Bruder. Von ihm hörte sie nach so langer Zeit, dass ihr Vater sich damals suizidiert hatte. Diese so deutlich verspätete Information habe bei ihr große Wut ausgelöst, zunächst vor allem auf den Vater, aber auch auf die Geschwister, die alle geschwiegen hatten, und natürlich auch auf ihre Mutter.

In zahlreichen Begleitungsgesprächen, in denen Frau Hoff zunächst ihre immer noch spürbar vorhandene Wut, aber im Nachgang dazu auch ihre tiefe Trauer zum Ausdruck bringen kann, gelingt es, eine Vertrauens- und Beziehungsebene entstehen zu lassen, in der sie auch auf andere Aspekte ihrer Trauerbiografie zu sprechen kommen kann, die sie in den zurückliegenden Jahren auch schon mit therapeutischer Unterstützung bearbeitet hat. Die Begleitung in der Therapie habe Frau Hoff in der damaligen Situation durchaus geholfen und diese professionelle Hilfe sei wichtig gewesen. Das darunterliegende Trauerthema, dessentwegen sie nun in die Trauerbegleitung komme, sei aber geblieben und nehme aktuell in ihrem Leben einen großen Raum ein. In der Einzelbegleitung möchte sie gern auf diesen Teil zu sprechen kommen, der nach ihrer Wahrnehmung in der Therapie, die inzwischen fast zehn Jahre zurückliegt, zu wenig Raum gehabt hat. Fragen im Hinblick auf den Vater (»Warum warst du nicht da in Situationen, wo ich dich doch so sehr gebraucht hätte?«) und an die Mutter (»Warum warst du nicht ehrlich zu mir?«) trieben sie in letzter Zeit wieder zunehmend um. Sie signalisiert, dass sie ihren Vater gern besser verstehen möchte.

Ich versuche durch verschiedene Zugänge Frau Hoff zu ermutigen, in Kontakt mit ihrem Vater zu kommen und ihm selbst zu sagen, wo sie ihn sehnlichst vermisst hat. Daraufhin kommt sie auf eine ca. 15 Jahre zurückliegende Situation zu sprechen, von der sie zunächst sagt, dass sie diese Erfahrung auch schon in der Therapie besprochen habe. Mit Anfang zwanzig sei sie in eine heftige Krise geraten nach einem »Fehlverhalten« ihres damaligen Freundes. Dieser sei mit dem Wissen von einer von ihr leidvoll erfahrenen Übergriffigkeit eines Onkels (im Alter von zehn Jahren), die sie ihm gegenüber im Vertrauen, dass er gut damit umgeht, geschildert hat, respektlos und sogar verletzend umgegangen. Diese Situation habe bei ihr ganz viel alte Wut und mehr noch eine tiefe Enttäuschung entstehen lassen darüber, dass ihr Vater nicht da war in dieser damaligen schlimmen Situation, in der sie ihn doch so sehr gebraucht hätte. Auch in der Situation, in der sie sich durch den Freund verraten gefühlt hatte, habe ihr ein Vater mit seiner männlich-väterlich-beschützenden Unterstützung gefehlt, die ihr Vater ihr im Grunde nie hat geben können.

Nach einigem Zögern gelingt es Frau Hoff in der Begleitungssituation, ihrem lange verstorbenen Vater diese Enttäuschung direkt zu sagen und ihm diese Frage zu stellen: »Warum warst du nicht da und hast mich beschützt?« In dem Moment fängt sie an zu weinen und es gelingt ihr nach einiger Zeit, diese Tränen als Tränen der tiefen Enttäuschung zu spüren, darüber hinaus aber auch als Tränen der Trauer um ihren viel zu früh verstorbenen Vater, den sie als Kind nicht zur Verfügung hatte, weil er nicht da war und schlicht »gefehlt« hat.

Frau Hoff verlässt diese Einzelbegleitung deutlich erschöpft, aber mehr noch erleichtert und dankbar und mit einem zaghaften Lächeln. Sie sei gespannt auf die nächste Begegnung und freue sich darauf.

Nach dieser zentralen Erfahrung und dem darin erreichten anderen Zugang zu ihrem Vater ist es in den weiteren Gesprächen mit ihr gut möglich, auch die Beziehung und den Kontakt zu ihrer Mutter in den Blick zu nehmen. Zunehmend fasst sie Mut, in den zwischenzeitlich sehr seltenen und eher oberflächlichen Kontakten zu ihrer Mutter eine andere Ebene zu erreichen. Sie signalisiert der Mutter, dass sie die damalige Situation verstehen möchte, damit sie durch das Verstehen in eine Versöhnung mit dem verstorbenen Vater kommen kann. Durch diese Gespräche erfährt sie erst jetzt (mehr als dreißig Jahre später), wo ihr Vater überhaupt beerdigt ist, und begibt sich an das Grab ihres Vaters, um Abschied von ihm zu nehmen, was ihr bislang über so viele Jahre verwehrt war.

In Gesprächen mit der Mutter erfährt sie, dass der Grund für die damalige Trennung eine Alkoholerkrankung und eine Depression des Vaters war. Sie gelangt in ein Verständnis für ihre Mutter, die diese Trennung auch deshalb vollzogen hat und vollziehen musste, um sie und ihre drei Geschwister zu schützen. So gelingt es ihr, dem Vater zu verzeihen dafür, dass er in ganz entscheidenden Situationen nicht für sie da war. Zugleich kommt sie immer mehr dahin, auch der Mutter das Schweigen zu verzeihen, weil sie erkennen kann, wie bedürftig ihre Mutter in der damaligen Situation gewesen sein muss.

Im Nachgang dazu kommt es erstmals (so empfindet es Frau Hoff selbst) zu echten und intensiven Begegnungen mit ihrer Mutter und darüber auch mit dem Vater. In zahlreichen Gesprächen arbeitet Frau Hoff das Leben ihres Vaters und darüber auch ihr eigenes Leben auf. Sie lernt ihn nachträglich kennen und kann sich im Wissen um seine Erkrankung mit ihm aussöhnen. Diese Aufarbeitung verbindet Mutter und Tochter, die über viele Jahre im Grunde keine echte Beziehung zueinander hatten, sehr.

Die Begleitung von Frau Hoff endete nach circa anderthalb Jahren und circa zwanzig Terminen zu dem Zeitpunkt, als Frau Hoff den Mut gefasst und die Entscheidung getroffen hat, mit ihrer Mutter in einen offenen und gleichberechtigten Dialog des Verstehens zu gehen, geprägt von dem Wunsch, dem Vater vollständig zu begegnen mit seinen Begrenzungen und Schattenseiten – und zugleich sich auf einen Dialog mit ihm einzulassen, der frei ist von Bewertungen und Schuldvorwürfen.

Der Umstand, als Trauerbegleiter von dieser guten Entwicklung erfahren zu haben, ist einem Zufall zu verdanken, denn in vielen Fällen bleibt das Ergebnis einer Trauerbegleitung den Trauerbegleitenden in der ganzen möglichen Fülle und Tragweite verborgen. Dieser Nachsatz ist mir wichtig, da Trauerbegleiter/-innen nicht mit der Erwartung in eine Trauerbegleitung gehen dürfen, zum Abschluss eine solche »vollendete« Erfahrung zu machen. In sehr vielen Begleitungssituationen wird die »Ernte« lediglich von den trauernden Menschen »eingefahren«, die gut begleitet worden sind. Trauerbegleitende sollten und dürfen darauf vertrauen, dass ihre Begleitung weiter reicht, auch über den letzten Begleitungskontakt hinaus.

Fallbeispiel 3: Versöhnung mit der unbekannten »leiblichen« Mutter nach fast sechs Jahrzehnten

Frau Traube (ca. sechzig Jahre alt, Krankenschwester) berichtet in einer begleiteten Gruppe, dass sie als Adoptivkind groß geworden sei. Ihre leibliche Mutter habe sie als Säugling zur Adoption frei gegeben. Hintergrund dafür war der Umstand, dass die vorausgegangene Schwangerschaft durch eine Vergewaltigung zustande gekommen sei. An einen Schwangerschaftsabbruch war in den 1950er Jahren – auch in dieser Situation – für ihre leibliche Mutter jedoch nicht zu denken. Diese hatte sich bewusst dafür entschieden, das Kind auszutragen, und ebenso hatte sie die Entscheidung getroffen, nach der Entbindung ihre Tochter zur Adoption freizugeben.

Frau Traube beschreibt sehr stimmig, anrührend und authentisch ihre Kindheit und Jugend und ihr gutes Aufgehobensein in der »neuen« Familie. Diese Familie habe ihr ein intensives Gefühl von Geborgenheit vermittelt, es sei »ihre« Familie gewesen. So hat sie es intensiv erfahren dürfen. Aus dieser ihrer Familie sind inzwischen alle Familienmitglieder verstorben. Sie selbst hat alle diese Angehörigen begleitet bis zum Tod. Nach diesen für sie sehr intensiven (Sterbe-)Begleitungen entstand in ihr dann ein deutliches Gefühl von Entwurzelung und Verlorenheit.

Aufgrund der guten Anbindung und des sicheren Halts in der Adoptivfamilie hatte Frau Traube über all die Jahrzehnte nie den Wunsch gehabt, ihrer leiblichen Mutter zu begegnen und sie kennen zu lernen. Der Zufall bzw. das »Schicksal« brachte es dann aber mit sich, dass sie kurz vor dem Tod ihres letzten Familienangehörigen (aus der Adoptivfamilie) erfuhr, dass sie einen leiblichen Bruder hat. Diese Information – fast zeitgleich mit dem entstehenden Gefühl von Entwurzelung – brachte Frau Traube dann dazu, nach ihrer Herkunftsfamilie zu suchen und entsprechende Nachforschungen anzustellen. Bei diesen Bemühungen war sie sich innerlich ganz sicher, dass ihre leibliche Mutter längst verstorben sein müsse, da aufgrund ihres Geburtsjahrgangs (1920) es ihr äußerst unwahrscheinlich erschien, dass sie noch lebte.

Ihre Bemühungen und die Suche nach den eigenen familiären Wurzeln führten relativ schnell zu einer Begegnung mit dem leiblichen Bruder und seiner Familie und vollkommen unerwartet auch mit der noch lebenden Mutter. Der Bruder und dessen Familie, die nichts von ihrer Existenz wussten, nahmen sie herzlich auf. Die darauffolgende Begegnung mit ihrer leiblichen Mutter war ungleich schwieriger. Die Reaktion der Mutter auf die vollkommen unerwartete Begegnung mit ihrer Tochter nach fast 58 Jahren beschreibt Frau Traube so: Es muss für sie ein Schock gewesen sein. Die ersten Worte, die sie sagte, lauteten: »Das ist die Strafe.« Auf meine Frage, was ihre Mutter damit wohl gemeint haben könnte, gab Frau Traube spontan keine konkrete Antwort. Auf meine Rückfrage sagt sie dann, dass sie nur vermuten könne, dass ihre Mutter das aufgrund der Vergewaltigung so empfunden hat und – mehr noch – »weil sie mich weggegeben hat«. Auf ihre eigene Rückfrage habe die Mutter nur mit einem fragenden Blick reagiert. Frau Traube kann sich an ihre eigene Reaktion darauf gut erinnern. Sie hat der Mutter geantwortet, dass es für sie gut sei und dass sie das Wort »Strafe« in diesem Zusammenhang nicht mehr hören möchte. Erst im Nachhinein und durch die konkrete Begegnung sei ihr klar geworden, warum ihre Mutter so reagiert habe und auch nur so reagieren konnte. Durch die Erfahrung der gewaltsamen Zeugung war es für die Mutter nicht möglich, sie groß zu ziehen. Danach kann sie durch das Erfassen der spezifischen Umstände Frieden schließen mit ihrer Mutterbeziehung und ihrer besonderen Biografie. Frau Traube beschreibt es selbst so, dass sie in dieser Zeit für sich verstanden hat, dass es an ihr liegt, sich einerseits mit der Mutter und ihren Begrenzungen in der damaligen schwierigen Situation auszusöhnen und andererseits die Mutter auszusöhnen an Stellen, an denen sie selbst dazu nicht mehr in der Lage ist. Dazu hat Frau Traube in der Zeit nach der ersten Begegnung mit der Mutter therapeutische Hilfe gesucht und in diesen Gesprächen verstanden, dass dies auch und gerade für ihre Mutter gilt. Für sich stimmig konnte sie fortan immer wieder zu ihrer Mutter sagen »Alles ist und war gut, so wie es war« und so in die eigene Versöhnung kommen, darüber hinaus aber auch die hochbetagte Mutter aussöhnen.

Die Mutter von Frau Traube liegt sieben Jahre nach der späten Wiederbegegnung im Sterben. In der Gruppe schildert Frau Traube, dass sie immer ein wenig Angst und Unbehagen gespürt habe, wenn sie an das konkrete Sterben ihrer Mutter gedacht habe. Wörtlich sagt sie: »Wie wird dies wohl sein? Habe ich doch bereits ›meine‹ Familie begleitet und sehr um sie getrauert?« Im Wissen darum, dass Frau Traube die Mitglieder ihrer Adoptivfamilie intensiv im Sterben begleitet hat und dass sie in der Zwischenzeit selbst eine Fortbildung zur Trauerbegleiterin begonnen hat, bitten ihr leiblicher Bruder und dessen Familie sie nun auch um Begleitung. Hier stellt Frau Traube fest, dass dies für sie nicht möglich ist, weil sie nicht zuletzt aufgrund der versöhnenden und aussöhnenden Begegnung mit ihrer Mutter nun selbst eine intensiv Trauernde ist: »Ich trauere um *meine Mutter*, die mir das Leben geschenkt hat. Es ist eine ganz andere Trauer als beim ersten Mal! Und die darf sein! Ich durchlebe Trauer um Verlust ein zweites Mal. Diese Erkenntnis hat mich wie befreit und mir die Kraft gegeben, *nochmals* zur sterbenden Mutter zu fahren und ihr erneut zu sagen: ›Alles war gut.‹ Ich konnte ihr danken dafür, dass sie mir das Leben gegeben hat und mich von Anfang an bejaht hat. Und ich konnte ihr sagen, wie schön es ist, dass wir uns noch für sieben Lebensjahre gefunden hatten und ein Stück

Weg miteinander gehen konnten. So konnte ich sie freilassen für ihre ›Lebensvollendung‹.«

Am Tag nach dieser Begegnung verstarb die Mutter von Frau Traube im Beisein von Sohn und Schwiegertochter. Für Frau Traube ist es rückblickend richtig und stimmig, dass diese beiden im Moment des Sterbens bei ihr waren. Sie selbst hat zum Todeszeitpunkt einen langen Spaziergang gemacht – bei strahlender Sonne. In der Gruppe beschreibt sie, dass sich nach ihrer Rückkehr in ihrer Wohnung die erste Knospe einer Narzissenpflanze geöffnet hatte, was sie nach all dem, was in der Zeit zuvor geschehen war, für sich als Sinnbild neuen Lebens begreifen und deuten kann. Davon zeigt sie sich sehr angerührt.

Bei der späteren Urnenbeisetzung, die sie als würdevoll und harmonisch erfahren hat, hat sie der dort noch einmal verlesene Hochzeitsspruch der Mutter sehr angerührt. Dieser lautete: »Durch Weisheit wird ein Haus gebaut, durch Umsicht gewinnt es an Bestand« (Sprichwörter 24, 3). Darin erkennt sie für sich ihre Mutter intensiv wieder und kann authentisch sagen: »Ich bin stolz auf dich!«

Glücklich ist sie auch darüber, dass es nach der Urnenbeisetzung auch noch eine persönliche Begegnung mit ihrer leiblichen Tante (der jüngeren Schwester der verstorbenen Mutter) geben wird, die diese bislang immer abgelehnt hatte. Diese Tante konnte aus gesundheitlichen Gründen nicht an der Bestattung teilnehmen und hat nun ausdrücklich darum gebeten, dass ihre Nichte zu einem Besuch zu ihr kommt, um von den letzten Wochen und Monaten und auch von der Beerdigung zu erzählen. Frau Traube kommentiert das abschließend mit den Worten, dass »zwischen Himmel und Erde« Dinge geschehen, die wir als Trauernde und Trauerbegleitende nicht in der Hand haben.

Fallbeispiel 4: Versöhnung mit dem emotionsarmen Vater
Herr Klein, geboren 1958, Sohn eines circa fünf Monate zuvor im Alter von 85 Jahren verstorbenen Vaters, bittet um eine Einzeltrauerbegleitung. Er wirkt reflektiert, gefasst und zunächst kaum emotional. Befragt zu seiner konkreten Motivation, in die Einzelbegleitung zu kommen, sagt er beim ersten Kontakt, dass es ihm vielweniger um den jetzt erlebten Verlust des Vaters geht, sondern vielmehr um ein nachträgliches Verständnis für seinen Vater im Hinblick auf zahlreiche offen gebliebene Fragen aus der eigenen Lebensgeschichte. Es gebe so viele Dinge, die für ihn ungeklärt seien, und das, obwohl er selbst den Eindruck habe, seinen Vater in seinem Sterben gut begleitet zu haben, wofür er dankbar sei und was er auch gern getan habe. In dieser letzten Lebensphase habe er eine große und zuvor nie vorhandene, fast intime Nähe zu seinem Vater verspüren dürfen. Das kann Herr Klein authentisch, eindrücklich und auch tief berührend beschreiben.

Sein Vater sei nach einer mehrjährigen bösartigen Erkrankung in einem Krankenhaus gestorben. Er habe sehr gelitten und wahrlich keinen leichten Weg gehabt. In der Klinik sei er oft bei seinem Vater gewesen und habe ihm auch offensiv zusprechen können, dass er ihn gehen lassen kann und dass der Vater auch gehen darf. Gestorben sei sein Vater trotz vieler Zeiten langer eigener Anwesenheit im Sterbezimmer in einem Moment, als er als Sohn nicht zugegen war. Damit sei er aber versöhnt, denn das würde zu seinem Vater und seiner Persönlichkeit passen. Das kenne er: Bei allen sehr persönlichen Dingen und auch bei Abschieden habe sein Vater sich meistens abgewendet und sich der Situation entzogen, um seine mitunter aufkommende Emotionalität nicht hochkommen zu lassen und zeigen zu müssen. Zugleich ist genau diese Erfahrung, die Herr Klein gerade in den letzten zehn bis 15 Jahren mit seinem Vater immer wieder gemacht hat, der Auslöser für sein aktuelles Fragen und Suchen.

In der Begleitungsarbeit mit ihm bitte ich ihn, von seiner Kindheit und Jugend zu erzählen und auch davon, was er selbst aus der Kindheit und Jugend seines Vaters weiß.

Seine eigene Kindheit beschreibt er spontan als »gut versorgt«. Materiell sei eigentlich immer alles da gewesen, kein luxuriöses Leben, aber gesicherter Wohlstand, auch schon in den 1960er Jahren. Gemangelt habe es eher an Emotionalität, Herzlichkeit, Ermutigung und der absichtslosen Vermittlung von Zutrauen. Auch hätte er sich mehr Schutz und Geborgenheit gewünscht in Situationen, in denen er sich klein und ausgeliefert fühlte. Gut erinnern kann er sich auch noch daran, dass ihm seitens beider Eltern immer deutlich vermittelt wurde, dass er eine große Hochachtung vor »Autoritäten« (z. B. vor der Kinderärztin, dem Zahnarzt und dem benachbarten Notar) haben müsse. All dies habe bei ihm Spuren hinterlassen, die ihm in seiner heutigen Lebenssituation nicht zuträglich seien. Gewünscht hätte er sich vor allem mehr vermitteltes Zutrauen und die zusprechende, ermutigende und zuversichtliche Aussage: »Ich bin stolz auf dich! Du kannst was! Ich sehe deine Talente und Fähigkeiten, mach was daraus! Ich helfe dir dabei! Erobere dir deine Welt, mit dem, was du kannst!« Stattdessen habe er eher unausgesprochene, aber dennoch umso wirksamere Botschaften gespürt wie: »Halt dich zurück! Lehne dich nicht zu weit aus dem Fenster! Bleibe auf dem sicheren Terrain, welches du hier vorfindest! Lauf nicht so weit raus! Lauf uns nicht davon!« An dieser Stelle wirkt Herr Klein berührt und traurig und sagt mit leicht erstickter Stimme: »Ich wäre so gern selbstbewusster und liege über Kreuz vor allem mit meinem Vater als männlicher Identifikationsfigur, dass er mir diesen Teil einfach nicht gegeben hat.«

Beim nächsten Treffen frage ich Herrn Klein konkret nach seinem Vater und dessen Kindheit und Jugendzeit. Herr Klein schaut zunächst etwas ratlos und unwissend und sagt dann, dass er wirklich nicht viel darüber wisse. Es habe seinerseits immer wieder mal Ansätze gegeben, den Vater danach zu befragen, wobei er fast immer die stereotype Antwort erhalten habe: »Frag nicht danach!« Was er weiß, ist, dass sein Vater mit 15 Jahren in den letzten Kriegsmonaten des Zweiten Weltkriegs noch zur Marine eingezogen worden war und mit ganz viel Glück mit einem der letzten Boote über die Ostsee zurück in den westlichen Teil Deutschlands gelangt war, so dass ihm die russische Kriegsgefangenschaft erspart geblieben ist. Ganz selten habe er mal von schlimmen Erfahrungen (standrechtlichen Erschießungen) aus dieser Zeit erzählt. Herr Klein hat die Fantasie, dass sein Vater entweder hilflos hat zusehen müssen oder schlimmstenfalls sogar daran beteiligt war. Er träumt diese vermuteten Fantasien auch regelmäßig. All das sei aber mit seinem Vater selbst nie kommunizierbar gewesen, denn darüber verlor er nie ein »Sterbenswörtchen«.[9]

Was er noch erinnern kann, ist, dass die jüngere Schwester seines Vaters im Alter von circa zehn Jahren an einer akuten Erkrankung verstorben ist. Was das in der Herkunftsfamilie seines Vaters ausgelöst hat und wie sein Vater und seine Großeltern damals damit umgegangen sind, kann er nicht sagen. Davon habe sein Vater zumindest ihm gegenüber nie gesprochen. Er geht aber sicher davon aus, dass es ebenfalls sehr prägend für seinen Vater gewesen sei muss.

In mehreren Sitzungen gelingt es, Herrn Klein immer wieder an die mutmaßlichen Erfahrungen seines Vaters in den letzten Kriegsmonaten heranzuführen in der Absicht, ihn darüber in ein anderes, tieferes Verständnis seines Vaters zu bringen mit dessen durch die damalige Zeit gesetzten äußerlichen Begrenzungen. Darüber gelingt es Herrn Klein nach einigen Treffen, von sei-

---

9 Zu dieser Thematik ist der Artikel von Hutter (2014a) lesenswert. Der Schriftsteller Peter Härtling hat als selbst betroffenes Kriegskind dafür den Begriff »Gnadenlose Diskretion« geprägt (Härtling, zit. nach Thimm, 2011).

nem Erschrecken über den Vater in der damaligen Situation und auch von seiner späteren, sich immer neu wiederholenden Enttäuschung darüber, was dessen emotionale Zurückhaltung angeht, wegzukommen. Auch in dieser Begleitungsarbeit fand die »Stuhlübung« Anwendung.[10] Nach einigem Zögern ist es Herrn Klein möglich, seinem in der eigenen Vorstellung sehr präsenten Vater zu sagen, was er sich eigentlich von ihm gewünscht hat (als Vater und auch als Mann) und was beiden vorenthalten geblieben ist dadurch, dass sie sich auf dieser Ebene zu Lebzeiten nie begegnen konnten. Darüber hinaus kann Herr Klein gegenüber seinem Vater in dieser Situation aber auch beklagen, was ihm in der Konsequenz all dessen an Lebensschwierigkeiten und damit auch Lebensaufgaben zugewachsen ist. Zugleich gelingt gegen Ende dieser Übung ein erster versöhnender Teil: »Ich bin dir selbst wegen all dem auch etwas schuldig geblieben und ich beginne mehr und mehr zu verstehen, dass du ein Kind deiner Zeit bist, einer in deiner Jugend grausamen Zeit mit Bedingungen, die du dir nicht aussuchen konntest und die dich so haben werden lassen, wie du geworden bist.« Gegen Ende der Übung kann Herr Klein sogar sagen, dass er tief dankbar dafür ist, durch die Möglichkeiten der Begleitung an dieses Erkennen und Verstehen gelangt zu sein: »Ich weiß, dass die Zeit damals dafür nicht reif war und dass der Zugang zu solchen Möglichkeiten nicht bestand. Und als du älter warst, waren deine Erinnerung aus für dich gutem Grund bereits so verschüttet, dass du diese ›Dose‹ nicht mehr öffnen wolltest. Du warst mir Vater, so gut du es sein konntest. Ich danke dir dafür und söhne dich aus!«

---

10 Bei der Übung mit dem leeren Stuhl (Rollenwechsel) ist es wichtig, darauf hinzuweisen, dass deren Anwendung Erfahrung und eine gewisse Qualifikation verlangt. Alternativ dazu gibt es die Möglichkeit, zum Beispiel folgende Frage zu stellen: »Wenn Sie sich jetzt einander gegenübersäßen, was würden Sie Ihren Vater fragen oder ihm sagen wollen?«

Dieses Fallbeispiel nimmt Bezug auf den im einleitenden Teil beschriebenen Abschnitt, der die transgenerationale Weitergabe von Trauer anspricht. Ich erlebe diesen Aspekt als sehr zentral. Die damit verbundenen Verletzungen, die über die Erfahrungen derer, die den Krieg noch erlebt haben, in die nächste oder mitunter sogar übernächste Generation hinein weiterwirken, sind solche, um deren Existenz und Hintergrund Menschen in der Trauerbegleitung wissen müssen. Alberti weist darauf hin, dass Versöhnung in diesem konkreten Kontext bedeutet, »um das Erleben von ganzen Generationen und um sich selbst zu wissen – um unsere Werte, unser Fühlen und unseren Handlungsspielraum von den Schatten der Vergangenheit immer weiter zu befreien« (Alberti, 2017, S. 182). Ein Buch, das das Thema »Versöhnung in der Trauerbegleitung« in den Mittelpunkt stellt, muss auf diesen Aspekt unbedingt hinweisen und Trauerbegleiter/-innen müssen sich diesem Thema aussetzen und sich ihm stellen.[11]

Im Teil III dieses Buches findet sich als eine denkbare Methode auch die Arbeit mit dem Medium Film. Der dort vorgestellte japanische Film »Nokan« (S. 92 ff.) beinhaltet das Thema Versöhnung einer Vater-Sohn-Beziehung und stellt – wenn auch unter ganz anderen Vorzeichen – einen unmittelbaren Zusammenhang zu diesem Fallbeispiel her.

Fallbeispiel 5: Versöhnung mit der eigenen Lebensgeschichte

Mit dem nun folgenden Fallbeispiel verlasse ich die bisherige Grundstruktur der vorausgegangenen Beispiele und nutze die reflektierenden Gedanken einer Teilnehmerin an einer Trauerbegleitungsausbildung (»Große Basisqualifikation«).

---

11 Für eine erste Auseinandersetzung mit dem Thema transgenerationale Weitergabe von Kriegserfahrungen empfehle ich das Buch von Alberti (2013).

Diese Teilnehmerin, ich nenne sie hier Frau Wolf, hat ihre Abschlussarbeit überschrieben mit dem Titel »Ich liebe deine armen wunden Schwingen« oder (in Anlehnung an eine Installation des Künstlers Joseph Beuys) »Zeige deine Wunde«.

Für mich war und ist diese Abschlussarbeit ein sehr authentisches, hoch reflektiertes und vor allem wertvolles Zeugnis für die Möglichkeit der tiefen Versöhnung mit der eigenen, von Leid und Übergriffen geprägten Lebensgeschichte. Zugleich wird an dieser intensiven Auseinandersetzung deutlich, wie ein Durchleben einer solchen Biografie Menschen in höchstem Maße dazu befähigen kann, mit solchen erinnerten und tief reflektierten Erfahrungen hilfreich zu sein in der Begleitung trauernder Menschen. Das bedeutet selbstverständlich nicht, dass man nur dann gut, hilfreich und qualifiziert Trauernde begleiten kann, wenn man selbst solch schmerzhafte Erfahrungen von Leid und Trauer durchlebt hat. Es bedeutet natürlich auch nicht, dass Menschen mit solch traumatischen Lebenserfahrungen per se geeigneter wären, eine solche Aufgabe zu übernehmen.

Andersherum wird aber auch deutlich, dass in einer wirklich durchlebten und gut reflektierten Erfahrung von Trauer und Verletzung eine große Chance liegen kann, aus der sich eine echte Begabung entwickeln kann, die in doppelter Perspektive etwas Heilsames enthält – in erster Hinsicht für trauernde Menschen, die die damit verbundene Authentizität spüren, und mittelbar, in zweiter Hinsicht, auch für den Begleitenden, der aus der eigenen Verwundung heraus erfahren kann, dass seinem Schicksal ein Sinn zuwächst. Für mich ist diese Abschlussarbeit ein gehaltvolles Beispiel für eine gelungene Aussöhnung und die daraus grundsätzlich erwachsenen Möglichkeiten und Chancen.

Ich habe bei den ersten Gedanken, Passagen aus dieser Abschlussarbeit für dieses Buch zu verwenden, zunächst gezögert, die Verfasserin zu fragen, ob sie sich das vorstellen könne und ob sie mit einer Veröffentlichung in diesem Kontext einverstanden sei. Meine Sorge war, dass die Inhalte zu persönlich und zu schützenswert für sie sein könnten und dass meine Frage möglicherweise auch etwas Grenzüberschreitendes hat. Die spontane Reaktion von Frau Wolf war ganz anders: »Deine Frage hat mich sehr berührt, ebenso wie auch überrascht und erfreut.«

Ich zitiere nachfolgend einzelne Abschnitte aus dieser Abschlussarbeit und tue das auch in der Hoffnung, dass diese im Rahmen dieses Buches zur Verfügung gestellten Gedanken nochmals etwas Heilsam-Versöhnliches haben mögen, sowohl für die Autorin wie auch für diejenigen, die diese bislang nicht zugänglichen Gedanken nun lesen können.

Zunächst ein Zitat aus der Einleitung:

»Die im Titel zitierte Doppelaussage verdeutlicht für mich jene menschliche Grundhaltung, die Basis einer jeden Trauerbegleitung sein sollte: Das Wissen um die eigenen Wunden, Verletzungen und Brüche birgt erst den Samen des Mitfühlens und der Solidarität; aber auch den des Mutes und der Demut. Darüber hinaus liegen in diesem Wissen ebenso die Möglichkeiten des Erkennens und der Wahrung des eigenen Schutzraumes. Die ›wunden Schwingen‹ zeichnen ein archetypisches Bild der geflügelten Seele, die sich, einem Wanderer gleich, zwischen den beiden Welten bewegen kann. Das Erkennen dieses inneren Prozesses des trauernden, insbesondere aber des sterbenden Menschen, gilt es zu verstehen und zu begleiten, wertzuschätzen und zu nutzen.«

In einem weiteren Abschnitt, überschrieben mit dem *Titel »Die Macht des Vergangenen«*, beschreibt Frau Wolf ihre eigene Kindheit und Jugend sowie ihre Erfahrungen mit der an Depressionen leidenden Mutter und ihrem intensiven Gefühl des Ausgeliefertseins, da sie noch zu klein war:

»Angesichts der Plötzlichkeit und Nichtvorhersehbarkeit ihres ›Sterbens‹ fühlte ich mich immer wieder meinem Nichtverstehen und meiner Angst vor dem Tod, als einer fremden, zerstörenden Macht, hilflos ausgeliefert. Es war mir nicht möglich, zwischen meiner Mutter und mir zu differenzieren [...]. So starb ich immer wieder mit ihr und gleichzeitig fühlte ich mich für ihren Tod verantwortlich. Ich fühlte mich gefangen in meiner ›Schuld‹, da ich die undurchdringliche Dunkelheit ihres Leidens nicht aufhellen konnte [...]. Wie ein dunkler Schatten legten sich Trauer, Schuld und Furcht auf meine Seele. Wurden zu meinem ständigen Begleiter. Und meine Mutter starb mehrmals. Etwa drei Mal im Jahr.

Mein Bemühen, ihr Sterben zu verhindern, ließ mich meine eigenen kindlichen Sorgen für mich behalten. Ließ mich das so erschreckend ›Fremde‹ verschweigen, dass der alte ›Opa‹ mir tat. Ich spürte, dass es Unrecht war, was er mir und meinem Körper tat. Doch er nannte es ein Geheimnis. [...] Mit meiner Angst, meiner Verzweiflung, meiner Scham und meinem Ekel vor dem Geruch des Alten zog ich mich immer mehr in mich zurück, um dann aus mir selbst heraus zu verschwinden. Mein Innen wurde leer. Und in dieser Leere spürte ich kein Wehtun, spürte ich nichts.«

Frau Wolf beschreibt im Weiteren, wie sie erst eine Anorexie (Magersucht) und später noch eine weitere Suchterkrankung entwickelt hat, die sich in selbstbeschneidendem Tun (Ritzen) geäußert hat, für Frau Wolf selbst eine Form der Depression. Aus dieser Situation heraus gelang dann eine Unterbrechung, beginnend mit einer stationären Behandlung, in der sie in einen hilfreichen Kontakt zu einem Therapeuten kam, »der nicht nur das Zerstörende in meinem Tun in den Blick nahm. Das Bedürfnis, sich selbst zu verletzen, sich Schmerzen zuzufügen, sah er in einem mir bis dahin gänzlich fremden Licht: Selbstverletzung als Ausdruck der Trauer. In diesem Licht erkannte ich, dass die unerlöste Trauer meiner Mutter sie immer wieder in tiefe Depressionen hineinführte. Erkannte, dass ich selbst jene Umgehensweise mit erlebten Traumata und der damit verbundenen Trauer von ihr übernommen hatte. Diese Betrachtungsweise war eine Offenbarung für mich! Sie gab mir die Erlaubnis, zu weinen, meinen Tränen ihr Recht zuzusprechen. Dieser radikale Blickwechsel veränderte alles. Mittelpunkt aller Auseinandersetzung bildete nun nicht mehr das Dunkle, Kranke, Schädigende, sondern alles Helle, Heile, Gesunde in mir wurde zur Ausgangsbasis meiner Entscheidungen. Ich bekam im Laufe der Zeit wieder Zugang zu meinem Inneren, zu meinen Gefühlen und damit zu meinen Ressourcen. Ich fand in mir die Freiheit der Wahl. Ich hatte damit die Basis gefunden, auf der die Bilder des Vergessens aus ihrem Schattenleben heraustreten konnten. Und mit der Erinnerung trat auch meine Sprache aus all dem Diffusen befreiend hervor. Bilder verknüpften sich mit Worten, wurden zu Namen, bildeten Begriffe. Ich konnte den Mantel des Unaussprechlichen, Unfassbaren ablegen, mein Geheimnis endlich preisgeben. Konkrete Möglichkeiten und Ansatzpunkte einer Umwandlung meiner Lebenshaltung wurden für mich sichtbar. Bilder und Zusammenhänge tauchten auf; mein Inneres erwachte aus einer seelenlosen Grauheit, wie nach einem langen traumlosen Schlaf. […] Meine Trauer wurde in den Folgejahren immer mehr zu einem Werkzeug meines Verstehens. Eingebettet in eine zuversichtliche Zukunftsmöglichkeit lernte ich, mich mit meiner Biografie, mit den Menschen und mit mir zu versöhnen. Das Loch, in das ich fiel, wurde und wird immer stärker zur Quelle meiner Kraft.«[12]

Im weiteren Verlauf der Arbeit reflektiert Frau Wolf ihre inzwischen übernommenen eigenen Begleitungserfahrungen in einem stationären Hospiz: »Mir wurde deutlich, dass die Voraussetzung für eine ›gute‹ Begleitung explizit an das Wissen um das

---

12 Dieses Sprachbild fußt auf einem Zitat von R. M. Smeding: »Das Loch, in das ich fiel, wurde zur Quelle, aus der ich lebe« (Smeding u. Heitkönig-Wilp, 2005, S. 140).

Wesen der eigenen Trauer gebunden ist. Um selbst heil zu bleiben, sich nicht im Leid und in der Trauer des anderen Menschen zu verlieren oder stellvertretend für diesen zu trauern, umgekehrt aber auch nicht den anderen für seine eigenen Traueraufgaben zu benutzen, hierfür ist ein vielfältiges Handwerkszeug unverzichtbar. Und die Art und Weise, wie zu Begleitende mit Trennung, Verlust und Tod umgehen, wird auch mitbestimmt von meinen persönlichen Erfahrungen, mit Abschied, Tod und Trauer umzugehen. So wie ich mich auf mich selbst beziehe, so beziehe ich mich auch auf den anderen, denn, wir sehen die Dinge nicht wie sie sind, sondern wie wir sind‹ (aus dem Talmud).«[13]

Den letzten Abschnitt des biografischen Teils ihrer Abschlussarbeit, den sie mit dem Titel »Trauer ist ein Weg und nicht die Feindin; Lern-Erfahrungen in der Ausbildung zur Trauerbegleiterin« überschrieben hat, beginnt sie mit der Niederschrift eines Traumes, der sie seit Jahren immer wieder begleitet:

»Es ist Sommer, eine andere, ferne Zeit, ein fremdes Land. Ich stehe auf einem vorzeitlichen, hölzernen Gefährt, eine Art Draisine, welches auf Schienen bewegt wird. Mit Hilfe eines Hebel-Lenkers setze ich es in Bewegung. Der Weg führt durch eine saftig-grüne, unberührte Natur. Die Schönheit der Landschaft ist atemberaubend und vollkommen. In gemächlichem Tempo gleite ich durch all dieses hindurch, genieße und bin gleichzeitig eins mit der Natur. Es gibt keine Bebauung, keine Straßen, nur diesen einen Weg ohne Ziel. Am späten Nachmittag stoppe ich und lege eine Pause ein. Die Dämmerung legt sich wie ein leichter Schleier über das Licht des Tages. Ich spüre, wie eine unsichtbare Kraft beginnt, meine Schritte zu lenken. Ich folge ihr. Nach kurzer Zeit betrete ich einen lichten Wald, angefüllt mit einer

---

[13] Dieses Wort wird auch der von der psychoanalytischen Theorie stark beeinflussten amerikanischen Schriftstellerin Anaïs Nin (1903–1977) zugeschrieben.

fast heiligen Stille. Anfangs kann ich nicht viel erkennen, alles scheint in leichten Nebel getaucht; doch langsam gewöhnen meine Augen sich an diese geänderten Lichtverhältnisse. Zwischen den Bäumen sehe ich hier und da einzelne Menschen sitzen. Eine eigentümliche Stimmung ergreift mich. Etwas zwischen Furcht und Verlockung, das Erkennen, dass ich keine Wahl habe.

Scheu nähere ich mich einer Gestalt: Im Näherkommen nähere ich mich einem sehr, sehr alten Mann mit langem, schütterem, weißem Haar und einem ebensolchen Bart. Sein Gesicht ist von der Sonne gegerbt, sein Körper hager und filigran. […] In sich selbst versunken sitzt er vor einer warm-sprudelnden Quelle. Ich gehe weiter. Immer wieder begegne ich dem gleichen Bild. Schließlich fasse ich Mut und trete an die Seite eines dieser Greise und sage, dass mich diese Stille ängstigt. ›Du musst dich nur trauen, in deine eigene Quelle einzutauchen. Ein Hinuntersteigen in die Ungewissheit des Grundes wird dir die Wahrheit und das Geheimnis des Lebens offenbaren. Ohne diesen Schritt wirst du immer eine ängstlich Suchende, Herumirrende, Unwissende bleiben‹.«

Frau Wolf beschreibt, wie dieser Traum gerade im Laufe ihrer Ausbildung zur Trauerbegleiterin wieder häufiger und zugleich eindringlicher auftauchte.

Wir lassen im Rahmen der Fortbildung im ersten Drittel der anderthalbjährigen gemeinsamen Arbeit die Teilnehmenden ihr eigenes Trauermärchen schreiben. Dies ist aus unserer Sicht ein wichtiger Baustein im Rahmen der Selbsterfahrung und der Schulung der Selbstreflexionskompetenz. Zugleich macht es die Teilnehmenden auch mit dieser guten und intensiven Methode vertraut, die Trauernden einen guten Zugang zu sich selbst und ihren ganz persönlichen Erfahrungen und auch Ressourcen vermitteln kann. Rückblickend auf das Schreiben ihres eigenen Trauermärchens kann Frau Wolf sagen, dass das Schreiben ihres Trauermärchens ihr dazu verholfen hat, in die Quelle einzuzutauchen, die sie aus ihrem Traum bereits kennt, ohne im Traum jedoch das letzte Zutrauen zu haben, der Aufforderung des Greisen zu folgen und in die Quelle auch tatsächlich einzutauchen. Mit ihren eigenen Worten formuliert lautet das folgendermaßen:

»Ich durchlebte die alte Trauer, doch in einer anderen, neuen Qualität: Sie ist mit mir reifer geworden. Ich kann heute in ihr baden, ohne unterzugehen. Und: Ich kann auch wieder aus ihr heraussteigen. Auf ihrem Grund bin ich selbst. Gleichzeitig finde ich hier, für mich völlig überraschend und in gleicher Intensität, auch das Glück. Das Spüren der Nähe und das Erkennen dieser beiden Gefühle in ihrem Nebeneinander und auch Miteinander waren für mich Überraschung und Geschenk zugleich. Indem ich innerlich ›mein Märchen‹ erschuf, fand ich wieder eine Verbindung zu meinem ursprünglichen Heil-Sein als Kind, fand meine Sprache der Poesie, fühlte mich eins. Das Schreiben dieses Märchens war für mich eine wunderbare Möglichkeit, das diffuse Innere zu strukturieren und ihm (m)eine Form zu geben. Mein persönliches (Trauer-)Ereignis wurde in dieser Weise in einen Kontext eingebettet. Und indem ich es niederschrieb, schrieb ich es aus mir heraus. […] Eine erlebbare Entäußerung fand statt: Ich legte etwas Eigenes ab, gab es von mir weg und die Schöpfung von etwas Neuem konnte beginnen. Hierdurch wurde es mir möglich, zu meinem eigenen (traumatischen) Ereignis in Distanz zu treten. […] Die Lösung in meinem Märchen hieß, mich dem Wort, mich meiner Sprache anzuvertrauen, um die Dinge beim Namen zu nennen, ›Geheimes nicht geheim‹ zu lassen. Sprache bedeutet für mich Erlösung aus dem Vergessen und die Befreiung aus dem Nichtwissen. Sie ist ein wesentliches Element der Bewegung, welches die wunderbare Fähigkeit hat, Herz und Verstand in Beziehung treten zu lassen. Die Klarheit des Tages kann durch die sprachliche Farbenvielfalt ebenso in Erscheinung treten wie das Geheimnisvolle der Nacht. […] Diese von Neuem belebte Trauer aus Kindertagen ist für mich zu einer lebendigen

Ressource geworden, zu einem mitfühlenden Begleiter im bunten Seelengewand.«

Für mich ist es diese authentisch-dichte und in vielen Teilen auch sehr poetisch-verdichtete Sprache, die mich so intensiv in diesem Zusammenhang von Versöhnung in der Trauer angesprochen hat, dass ich froh bin, Frau Wolf gefragt zu haben, ob sie mit einer Veröffentlichung in diesem Rahmen einverstanden sei. Mehr noch bin ich ihr dankbar dafür, dass sie der Verwendung dieser Gedanken zugestimmt hat. Wie sehr all das mit dem Versöhnungsthema eine ganz dichte Verbindung eingeht, kommt in den resümierenden Gedanken von Frau Wolf zum Ausdruck:

»Die angesprochenen Themen ließen mich – neben allem Fachlichen – immer wieder in das Zentrum meiner Erinnerung eintauchen. Die Facetten meiner Trauer hierbei erneut zu benennen, zu bekennen, zu erkennen und zu begreifen, bildeten für mich das Kernstück dieser Fortbildung. In der Trauer selbst Trost zu finden und den Weg der Trauer nicht als Feindin, sondern als Freundin zu begreifen, dies sind für mich die wesentlichen und existentiellen Bestandteile und Erfahrungen dieser für mich sehr kostbaren Zeit. Ein Wechselspiel eines immer wieder Hineingehens in die Trauer und Heraustretens aus der Trauer. Ein Spiel der Nähe und Distanz. Zu begreifen, dass mein Weg und mit ihm ich selbst nicht nur etwas Gewordenes, sondern immer wieder auch etwas Werdendes sind. Diese kreatürlich-schöpferische Gestaltungsmöglichkeit des eigenen Lebens beherbergt das Wissen um die Fähigkeit der Versöhnung und der Heilung.«

Dieses Fallbeispiel weist eine hohe Affinität zum Thema Versöhnung auf und ermöglicht an verschiedenen Stellen Brückenschläge zu dem Abschnitt im dritten Teil dieses Buches, in dem es um das leib-seelische Verständnis von Trauer und die Nutzung der neuen Erkenntnisse der Neurowissenschaften geht. Dazu gehört das Nutzen von Bildern, Symbolen und Ritualen, aber auch das Wissen darum, dass eine wirklich hilfreiche Begleitung sich nicht in rein bestätigenden Gesprächen erschöpfen darf, sondern dass eine Fähigkeit und innere Bereitschaft mit dazu gehören, auch die schmerzhaften Anteile einer Trauerbiografie zu berühren. Frau Wolf ist es gelungen, durch die positive Konfrontation mit Bildern und Symbolen in eine tiefe Einwilligung, Befriedung und letztlich Versöhnung mit ihrer eigenen Lebensgeschichte zu gelangen, die nicht nur rückschauend ist, sondern auch perspektivische, nach vorn blickende Anteile hat. Das letzte Zitat aus diesem Fallbeispiel macht das mehr als deutlich.

Fallbeispiel 6: Der plötzliche Tod eines heranwachsenden Kindes – sich aussöhnen damit, dass etwas Unversöhntes bleibt

»Und plötzlich ist alles anders.« Wir waren eine ganz normale glückliche Familie. Wir hatten und haben Arbeit. Wir hatten und haben ein Dach über dem Kopf. Wir hatten und haben Freundinnen und Freunde und eine Familie, die fest zusammenhält. Wir hatten zwei Kinder, Hanna (11 Jahre) und Jannis (13, fast 14 Jahre), beide gesund und glücklich. Hatten, nicht haben.

Fünf Minuten, und die Welt bleibt stehen. Das dachte ich und bin sehr verwundert, dass am nächsten Morgen die Sonne tatsächlich wieder aufgeht nach der allerschlimmsten Nacht meines Lebens. Ich wundere mich, dass auf der Titelseite der Zeitung nicht steht: Jannis ist gestorben. Dort stehen nur scheinbar unwichtige Dinge.

Am 2. Oktober 2013 kippt Jannis plötzlich am Ende einer Leichtathletik-Trainingsstunde um und ist tot. Ganz plötzlich! Ganz unerwartet! »Plötzlicher Herztod« heißt später die Diagnose.

Einfach so! Wir, die Eltern, und Hanna, seine Schwester, stehen völlig unter Schock. Eine Fehlbildung der Herzkranzgefäße, die nie aufgefallen ist, die ihn nie beeinträchtigt hat, womit er laut Arzt auch neunzig hätte werden können. Sie hat aber vermutlich beim Sport zu einer Unterversorgung und dann zu Herzrhythmusstörungen geführt. Genau werden wir es nie wissen.

Ich stehe auf dem Sportplatz, will meinen Sohn abholen. Schaue eine Weile zu. Alles okay. Kurz vor Schluss bleibt Jannis stehen, will nicht mehr weiter mitmachen. Ihm sei komisch. Ich sehe ihn am Rand stehen. Plötzlich kippt er nach vorne um. Er holt noch ein paarmal Luft, ist bewusstlos. Der Trainer fängt mit Wiederbelebungsmaßnahmen an, ruft den Notarzt.

Ich kann die Aussage des Notarztes »Es sieht ernst aus« nicht einordnen. Fahre mit den Anziehsachen, seiner Brille und Lesestoff hinter dem Krankenwagen her ins Krankenhaus. Mein Mann sollte bei der aufgeregten Tochter bleiben.

Jannis wacht nicht mehr auf. Das Herz will einfach nicht mehr anfangen zu schlagen. Irgendwann werden die Wiederbelebungsmaßnahmen eingestellt. Mein Mann Jörg, Hanna und ich bleiben in der Nacht noch lange bei ihm im Krankenhaus. Dann fahren wir wie im Nebel um fünf Uhr morgens mit dem Taxi nach Hause.

Am nächsten Morgen geht die Sonne irgendwann auf. Unglaublich. Alles ist so wie immer. Und doch ist alles anders. Komplett anders.

Zum Glück sind schnell Freunde, Freundinnen und Familienmitglieder da. Sie sprechen sich ab, damit immer jemand da ist und die Familie nicht allein ist. Das ist gut.

Ich bin in einem tiefen Loch. Reagiere, wenn es sein muss. Ich kann nichts regeln, nichts entscheiden. Wie gut, dass alle da sind und helfen. Sie kümmern sich, backen Kuchen, regeln den Text der Anzeigen. Suppe wird vorbeigebracht. Jörg, Hanna und ich schlafen, wenn wir denn schlafen, alle zusammen in einem Bett.

Wir müssen uns aneinander festhalten. Wer weiß, was passiert, wenn wir uns loslassen.

Jannis' Taufspruch ist: »*Denn ich bin der Herr, dein Gott. Ich nehme dich an deiner rechten Hand und sage: Hab keine Angst, ich helfe dir*« *(Jesaja 41, 13)*. Er steht auch auf der Traueranzeige in der Zeitung und ist Teil der Beerdigungsansprache. Wir hätten keine bessere Überschrift für sein Leben finden können. Jannis war kein Draufgänger. Er war oft dankbar für eine Hand, die ihm geholfen hat. Erst in letzter Zeit wurde er mutiger und selbstbewusster.

Jannis ist bei Gott im Himmel! Dort hat er es gut. Wie ein Mantra spreche ich mir das immer wieder vor. Die Schwester Hanna sagt: »Aber hier hatte er es doch auch gut!« Wie wahr. Jannis ist bei Gott. Das ist gut zu wissen.

Aber warum ist er nicht mehr bei uns? Wir hatten ihn doch so lieb. Sein Leben fing doch erst gerade so richtig an, spannend zu werden! Er war so lebensfroh, hatte oft einen lustigen Spruch parat, war ein Otto-Fan und konnte viele Sketche prima und lustig nachmachen. Er fing gerade an, Mädchen nett und spannend und nicht mehr nur doof zu finden. Er freute sich auf seine Konfirmation, auf die nächste Musical-AG-Produktion, auf den gemeinsamen Teneriffa-Urlaub, den wir zwei Tage später antreten wollten. Vielleicht hätten wir auch Delfine, seine Lieblingstiere, mal in echt gesehen.

WARUM?

Alles ist anders. Mein Mann und ich haben keinen Sohn mehr, Hanna hat keinen Bruder mehr. Die Großeltern haben keinen Enkel Jannis mehr. Lars, David und Jana haben einen Freund verloren, die Klasse 8b hat keinen Klassenkasper mehr.

Aber es fehlt nicht einfach nur Jannis. Wir – wir haben uns auch verändert. Ich habe das Urvertrauen ins Leben, das Vertrauen, dass schon alles gut wird, verloren. Beziehungen zu Freunden und Bekannten haben sich verändert.

Die Arbeit ist anders als früher. Auch Kleinigkeiten wie Wäsche waschen (es dauert länger, bis eine Maschine voll ist) und einkaufen (das Brot reicht viel länger, es isst keiner mehr Schinkenwurst) fallen auf – es ist alles anders geworden.

Meine Gottesbeziehung ist eine andere geworden. Ich kann nicht mehr so vertrauensvoll beten. Hilft Gott, wenn ich ihn bitte? Betende können den Arm Gottes bewegen. Dein Wille geschehe. Wie passt das zusammen? Ich hoffe und wünsche mir, dass ich wieder Vertrauen in Gott haben kann, dass er es gut mit mir meint. Ich bin auf dem Weg. Ich will wieder Vertrauen haben in das Leben. Ich will wieder lachen und fröhlich sein. Ich will mich nicht unterkriegen lassen. Das gelingt mir inzwischen oft ganz gut, manchmal aber auch ganz schlecht.

Ob ich mich mit Jannis' Tod ausgesöhnt, meinen Frieden damit gemacht habe? Vielleicht bedeutet das auch, zu akzeptieren, dass etwas Unversöhntes bleibt.

Fallbeispiel 7: Die notwendige Fähigkeit zur Versöhnung von Trauerbegleitenden mit ihrem Tun

Dieses Fallbeispiel entstammt nicht aus der Praxis der Trauerbegleitung, sondern aus der Supervision von Menschen, die selbst in der Trauerbegleitung tätig sind. Nicht selten mache ich die Erfahrung, dass Trauerbegleitende mit sehr hohen Ansprüchen an sich selbst und an das, was durch ihr Tun erreicht werden soll, in die Begleitung gehen. Ziele und Ansprüche sind mitunter so hoch gesetzt, dass es kaum realistisch erscheint, dass diese Ziele in der konkreten Begleitung auch erreicht werden können.

Im nachfolgend dargestellten Fall stellt ein Trauerbegleiter (Herr Ludwig, Ende 50) in einer Gruppensupervision von Trauerbegleitenden folgende Situation vor:

Er begleitet seit circa sechs Monaten Herrn Michel, dessen Frau unter für diesen Mann dramatischen Umständen in einer Klinik verstorben ist. Beim Versterben seiner Frau ist Herr Michel nicht dabei gewesen, wurde dann in der Nacht gerufen und erlebte die erste Begegnung mit seiner verstorbenen Frau als Schock. Er sah sie nicht friedlich ruhend, sondern mit weit offenem Mund und verzerrtem Gesichtsausdruck. Im Rahmen der Begleitung benennt er immer wieder zwei Dinge, mit denen er, wie er selbst sagt, einfach nicht fertig wird: zum einen die Situation, dass er das Gefühl hat, seine Frau allein gelassen zu haben »auf ihrer letzten Wegstrecke«, zum anderen eine Erinnerung aus frühen Zeiten der Beziehung, in der er sich von einer jüngeren Kollegin angezogen gefühlt hat, die er sehr attraktiv fand. Es sei zwar bei unverfänglichen Kontakten geblieben und daraus sei keine, wie er sagt, »Affäre« entstanden. Dennoch ist in ihm das Gefühl von Untreue geblieben, mit dem er nun hadert. Bestärkt wird dieses Gefühl auch dadurch, dass es seiner nun verstorbenen Frau in der damaligen Phase nicht gut gegangen sei: »Ich weiß, dass ich mich damals nicht in dem Maße um sie gekümmert habe, wie sie es eigentlich gebraucht und auch verdient hätte. Und trotzdem hat sie so solidarisch und zugewandt zu mir gestanden, als ich einige Jahre später in eine tiefe berufliche Krise geraten bin.« Diese alte Erfahrung, sich damals nicht genügend um sie »gekümmert« zu haben, hätte Herr Michel gern noch mit seiner Frau besprochen, um sie dafür um Entschuldigung zu bitten und ihr auch Danke zu sagen für ihre Solidarität in seiner Krise. Dazu haben ihm aber der Mut und auch die Kraft gefehlt. Die Situation ihres konkreten Sterbens, allein und ohne seine Anwesenheit und Nähe, verlebendigt und befeuert seine alte Erfahrung, die er ohnehin im Gepäck hatte und von der er sich nicht im offenen Gespräch mit seiner Frau entlasten konnte.

    Herr Ludwig als Begleiter ist mir in meiner Rolle als Supervisor gut und langjährig bekannt. Ich kenne ihn als gewissenhaften, engagierten und gut reflektierten Trauerbegleiter, der mit sehr hohen Ansprüchen an sich selbst in Begleitungskontakte geht. Er weiß gut um die Wichtigkeit und Bedeutung der puren Präsenz und der Achtsamkeit. Er hat in seiner Ausbildung zum Hospizmitarbeiter und in seiner zusätzlichen Fortbildung zum Trauerbegleiter gelernt und verinnerlicht, dass der Weg des Trauernden mit allen Umwegen und auch mit allen Rückschritten zu akzeptieren ist. Trotz all dieses Wissens und der mehrjährigen Erfahrungen wird Herr Ludwig in dieser Begleitung gewissermaßen zum Opfer seines eigenen Engagements und seiner Ansprüche an sich selbst. So gern würde er Herrn Michel von seiner Bürde entlasten, da es für ihn so offenkundig zu sein scheint, dass dieser doch längst eigene innere Schritte gegangen ist, die etwas mit Vergebung und, mehr noch, mit Aussöhnung mit seiner Frau zu tun haben. Allein, es gelingt ihm nicht. Alle zugewandten Versuche, seine ganze Aufmerksamkeit und Achtsamkeit mit dem belasteten Mann, gute methodische Ansätze, um in ein »Gespräch« mit seiner verstorbenen Frau zu kommen sowie der Versuch, mit Ritualen, Symbolen und Bildern zu arbeiten, fruchten nicht. In der Gruppensupervision zeigt er sich frustriert und beginnt an seiner Eignung als Trauerbegleiter zu zweifeln. Ich versuche daraufhin, die Potenziale der anderen Gruppenmitglieder zu nutzen, und bitte Herrn Ludwig darum, zunächst einmal in Ruhe zuzuhören, was die anderen Gruppenmitglieder über seine Trauerbegleitung gehört und wahrgenommen haben. Daraufhin erhält Herr Ludwig sehr viel Anerkennung und Wertschätzung für sein Tun und auch für seine Langmut und Geduld. All das kann er allerdings nur sehr begrenzt annehmen: »Ja, aber ... Herrn Michel geht es doch immer noch nicht besser.«

Ein anderer Teilnehmer der Supervisionsgruppe findet daraufhin eine Parallele zwischen Herrn Ludwig und seinem Begleitungskontakt: »Fällt dir auf, dass du gerade ebenso reagierst wie Herr Michel? Und trotzdem nehme ich auch wahr, dass ihm die Kontakte zu dir und die offenbar intensiven Gespräche mit dir ganz wichtig sind.« Den Teil kann Herr Ludwig bestätigen. Ich versuche dann, den Blick von Herrn Ludwig auf die Aspekte seines Begleitungskontaktes zu lenken, die ihm selbst – und sei es noch so wenig – gelungen erscheinen, um wegzukommen von der stark defizitorientierten Sichtweise, die er zuvor eingenommen hat. In der nachfolgenden Supervisionssitzung mit der gleichen Gruppe wirkt Herr Ludwig ein wenig gelassener. Der zwischenzeitliche Kontakt zu Herrn Michel sei für ihn »effektiver« gewesen, obwohl er nach wie vor nicht erreicht hat, dass der Witwer, den er betreut, in eine Versöhnung mit den beiden Situationen gekommen ist. Aber Herr Ludwig hat den Kontakt als für sich »weniger druckvoll« empfunden und das habe den Kontakt leichter und offener gemacht. Eine Rückmeldung von Herrn Michel: »Unser heutiges Gespräch hat mir besonders gutgetan, obwohl ich gar nicht genau sagen kann, warum!«, bestärkt ihn in seiner eigenen Wahrnehmung.

Aus den weiteren Supervisionskontakten weiß ich, dass es in dieser Trauerbegleitung, die circa vier Monate später ihren guten Abschluss fand, nicht zu einer Lösung in dem Sinne gekommen ist, die Herr Ludwig im Verlauf des Prozesses gern erreicht hätte. Offensichtlich war diese Lösung auch nicht diejenige, die Herrn Michel entsprochen hätte und die ihm vielleicht auch nicht oder noch nicht geholfen hätte. Wir vermögen ja auch alle nicht auszuschließen, dass das, was in der Begleitung seinen Anfang genommen hat, sich nicht doch später in der weiteren Trauer- und Lebensgeschichte eines Betroffenen noch vollendet.

Ich beschreibe dieses Beispiel bewusst in diesem Buch zum Thema »Versöhnung«, weil ich es für wichtig halte, dass Trauerbegleitende sich mit ihren eigenen Grenzen und den unzweifelhaft vorhandenen Grenzen der individuell Trauernden aussöhnen. Wenn es um die Akzeptanz und die Wertschätzung des einzelnen Trauernden geht, dann bedeutet das unbedingt auch die Akzeptanz des Festhaltenwollens an eigenen Schuldzusammenhängen, die Akzeptanz von irrationalen Schuldgefühlen und ebenso die Akzeptanz der Verweigerung, sich mit von außen betrachtet sinnvollen Zusammenhängen auseinanderzusetzen. Die Autonomie eines trauernden Menschen ist letztendlich immer höher zu bewerten als der Wunsch eines Trauerbegleitenden, ein eigenes Ziel erreichen zu wollen, von dem nicht klar ist, ob es auch das Ziel eines konkreten trauernden Menschen ist.

Abschließende Anmerkung zu den Fallbeispielen

Mit Blick auf den Persönlichkeitsschutz und im Interesse der Vertraulichkeit habe ich die Identität aller in den Fallbeispielen beteiligten Menschen nicht nur anonymisiert, sondern auch stark verfremdet. Teilweise habe ich einzelne Aspekte in diesem Sinne weggelassen und mitunter den ein oder anderen fiktiven Aspekt hinzugefügt. Allen, die mir ihre Versöhnungserfahrungen zur Verfügung gestellt haben, habe ich den endgültigen Entwurf für dieses Buch vorgelegt und mir die ausdrückliche Zustimmung für die Veröffentlichung in dieser Form geben lassen. In dem Zusammenhang habe ich nicht nur deutliche Zustimmung hören dürfen, sondern auch eine große Freude und Dankbarkeit darüber, dass die gemachten Erfahrungen in diesem Zusammenhang Menschen zur Verfügung gestellt werden, die als Betroffene oder Begleitende mit den Themen Versöhnung und Trauer beschäftigt sind. Meinerseits danke ich allen, die in dieser Form zu dem so wichtigen Praxisbezug dieses Buches beigetragen haben, für das geschenkte Vertrauen und die Offenheit. Ich habe selbst viel dadurch lernen dürfen.

Teil III

Das Thema Versöhnung in der Trauerbegleitung – konkrete Hinweise für Begleitende

Im dritten Teil dieses Buches geht es um Handlungsempfehlungen für die Trauerbegleitung. Ich werde aus unterschiedlichen Blickwinkeln Erkenntnisse und Methoden zur Verfügung stellen, die nicht alle untereinander einen direkten Bezug haben. Insofern bauen die nachfolgenden Kapitel nicht direkt und unmittelbar aufeinander auf. Das bedeutet, dass die nun folgenden Abschnitte auch nach eigenem Interesse und individueller Schwerpunktsetzung gelesen werden können.

Wohl aber werde ich immer wieder Bezüge zu den zuvor genannten Fallbeispielen herstellen und auch zu den Theoriekapiteln im ersten Teil des Buches. Das tue ich sowohl durch Verwendung von theoretischen Ansätzen, die zum vertieften Verständnis beitragen können, als auch durch Nennung von Methoden, die einen Zugang zum Thema Versöhnung vermitteln können, für Trauernde wie auch für Trauerbegleitende.

Familiendynamiken als Thema in der Trauerbegleitung

Wenn man sich im Rahmen von Trauerbegleitung engagiert und sich betroffenen Menschen als Gesprächspartner und Berater anbietet, dann ist man in dieser Rolle – gerade beim Thema

Versöhnung – gut beraten, sich zumindest ein Basiswissen in Sachen möglicher Familiendynamiken anzueignen und zu verstehen, wie und wo Konflikte und Schuldzusammenhänge entstehen können. Dieser Zugang gibt keine Antworten auf alle möglichen Fragen rund um das Thema Versöhnung in der Trauer, kann aber einige grundsätzliche Erklärungszusammenhänge aufzeigen. Interessant und aufschlussreich ist der systemtheoretische Blick auf Familien, der die Familie als »System von Systemen« (König, 2017) begreift, wozu zunächst das Paarsystem gehört und später, sofern Kinder geboren werden, auch das Eltern- und Kindersystem. Damit sind noch nicht alle Systeme benannt, aber mit diesen beiden hinzugekommenen Systemen ergeben sich bereits schwierige denkbare Konstellationen, in denen im eventuellen Konflikt zwischen den Eltern ein Kind mit in das Elternsystem hineingezogen wird. Diese gar nicht so seltenen Situationen können dann zu einer Rollenumkehr von Eltern und Kindern führen (Winter, 2013, S. 307 ff.). Der Fachbegriff dafür ist Parentifizierung.[14] Kinder werden also in eine Rolle gebracht, die oft leicht und gern angenommen wird, weil sie etwas mit Übernahme von Verantwortung den Eltern gegenüber zu tun hat (also denjenigen gegenüber, von denen man abhängig ist), aber auch mit einer gewissen »Auszeichnung« des Kindes. Der Preis dafür ist allerdings in aller Regel hoch: In fast allen Fällen bedeutet er eine Überforderung des Kindes. Denkbar sind solche Situationen zum Beispiel in Familiensituationen, in denen ein Geschwisterkind durch sein Verhalten die Eltern so fordert, dass diese überfordert sind. Dann ist es naheliegend, dass die Eltern – oft unbewusst – einen Auftrag an ein anderes Geschwisterkind erteilen, der zum Beispiel »Mach du es wieder

---

14 Auch Alberti (2013) stellt diesen Begriff in den Zusammenhang der Situation von Kindern in der Nachkriegszeit und macht auf die spezifischen seelenverletzenden Wirkungen familiendynamischer Aufträge in dieser Zeit aufmerksam (Alberti, 2017).

gut« oder »Sei du wenigstens angepasst« lautet. Wegen der damit potenziell verbundenen »Auszeichnung« ist einerseits die Verführung groß, diese Rolle zu übernehmen, andererseits hat ein Kind in einer solchen Situation keine freie Wahl, sich für oder gegen die Übernahme einer solchen Rolle zu entscheiden. Aus einer solchen Situation können tiefe biografische Spuren entstehen, die als Narben im Lebensweg eines Menschen verbleiben und ihn prägen, mitunter so sehr, dass sie lebensbehindernde Wirkungen haben.

Manchmal gelingt es Menschen erst nach dem Versterben der Eltern, sich so einem solchen Thema zu stellen, dass sie es im besten Fall abschließen können. König macht darauf aufmerksam, dass die Lebenswirklichkeit von Nachkriegskindern häufig gekennzeichnet war von Verantwortungsübernahme und der damit zwangsläufig einhergehenden Überforderung. Daneben gab es einen Kompetenzgewinn, jedoch nur um den Preis eines Bedürfnisverzichts (König, 2017).

Ich erwähne das hier in Anbindung an das Fallbeispiel 4 und möchte den Blick auch an dieser Stelle bewusst auf die große Gruppe der in den 1950er und frühen 1960er Jahren geborenen Menschen lenken. Das darf aber nicht dazu führen, diesen Zusammenhang nicht auch für andere Lebenssituationen und Biografien in Betracht zu ziehen. Familiendynamisch betrachtet gibt es zahlreiche Konstellationen, die dazu führen können und werden, dass Menschen sich etwas schuldig bleiben und zum Teil überhaupt nicht anders können, als sich etwas schuldig zu bleiben. Dabei kann es um Geburtenfolge, Geschlecht, Geschwisterrivalität[15] und auch um das große Thema Erbschaften gehen.

---
15 An dieser Stelle sei noch einmal verwiesen auf die alttestamentliche Geschichte von Jakob und Esau, die ich im Abschnitt »Schuld und Versöhnung – ein theologischer Zugang« vorgestellt habe. In diesem altem Text geht es um zentrale familiendynamische Aspekte. Das Thema ist also nicht neu und wird auch kaum an Aktualität verlieren.

Versöhnungsarbeit unter Zuhilfenahme des Mediums Film

Im dritten Teil des Buches werden verschiedene praktische Verständniswege (zum Thema) und Zugangswege (zu trauernden Menschen) zum Thema Versöhnung eröffnet. Für mich gehört dazu auch das Medium Film. So kann ich mir vorstellen und möchte auch dazu ermutigen, sich in einer begleiteten Trauergruppe gemeinsam einen das Thema aufgreifenden Film anzuschauen oder einen trauernden Menschen in der Einzelbegleitung zu motivieren, sich einen entsprechenden Film anzuschauen. Geeignete Filme, die die Themen Sterben, Tod, Suizid, Sterbehilfe und nicht zuletzt Trauer in guter Weise in den Mittelpunkt stellen, gibt es inzwischen reichlich.[16] Roser weist darauf hin: »Kein Medium der Kultur der Gegenwart ist so leicht verfügbar und zugleich so kontrolliert einsetzbar wie das Medium Film« (Roser, 2014, S. 115). Er stellt fest, dass es das Medium Film ist, »in dem der kulturelle Diskurs zum Thema Trauer abzulesen ist, wenn nicht sogar geführt und gestaltet wird« (Roser, 2014, S. 116). In der leicht zugänglichen Sparte der Filme (über DVDs und Online-Dienste) finden sich echte Schätze, die das Potenzial in sich tragen, eine Schlüssel- oder auch Brückenfunktion zu haben. Einerseits können gute Filme zum Thema Trauer denjenigen den Blick weiten und Verständniswege eröffnen, die selbst Trauernde begleiten. Andererseits – und diese Funktion ist noch entscheidender – können solche Filme trauernden Menschen Zugänge zu sich selbst eröffnen, weil durch das Medium Film eine weitere emotionale Ebene erreicht werden kann, die über das Gespräch, Symbole, Rituale und über eine Art Begegnung mit dem Verstorbenen (Stuhlarbeit, siehe Fall-

---

16 In der Buchreihe »Edition Leidfaden« ist genau zu diesem Thema ein Buch von Otto Teischel (2017) erschienen.

beispiele) möglicherweise nicht erreicht werden kann. Es geht selbstverständlich nicht darum, diese Möglichkeit bzw. diesen Zugang absolut zu setzen. Aber das Einsetzen von Filmen kann neben den anderen genannten Zugängen ein wichtiger Baustein sein.

Bei all dem muss Menschen in der Trauerbegleitung bewusst sein, dass wir letztlich nie wissen können, mit welchem Zugang wir plötzlich einen Schlüssel in Händen halten, der einem trauernden Menschen so passend erscheint, dass er ihn nutzen mag. Dieses Sprachbild ist für mich wichtig. Es ist immer der trauernde Mensch selbst, der den Schlüssel nutzt. In der Trauerbegleitung sind wir diejenigen, die sich gemeinsam mit einem Trauernden auf die Suche machen nach dem Schlüssel, um aus der Enge, Verschlossenheit und Dunkelheit der Trauer einen Weg zu finden. Nur eine solche Haltung berücksichtigt die Würde von trauernden Menschen, nur sie ist in der Lage, trauernde Menschen nicht zum Objekt von Hilfeleistung zu machen, sondern Trauernde als Subjekt zu sehen mit der Zielsetzung, sie im Gehen der eigenen Prozesse zu begleiten – nicht mehr, aber auch nicht weniger.

Zwei Filme, die die Themen Trauer und Versöhnung zum Inhalt haben, möchte ich hier vorstellen. Der erste Film ist der sehenswerte und mehrfach ausgezeichnete japanische Film »Nokan – Die Kunst des Ausklangs« aus dem Jahr 2008. Ich bin mir sicher, dass alle, die diesen Film kennen, sagen werden, dass dieses filmische Meisterwerk unbedingt im Kontext der Thematik von Versöhnung und Trauer genannt werden muss.

Der zweite Film »Vergiss mein nicht« (2012) ist ein Werk aus deutscher Produktion. Der junge Filmemacher David Sieveking zeigt in einem eher dokumentarischen Filmporträt die fortschreitende Demenzerkrankung seiner Mutter und den Umgang seiner Familie mit der Erkrankung und der damit einhergehenden Persönlichkeitsveränderung.

Nokan – Die Kunst des Ausklangs (Japan 2008)

Die Hauptrolle in diesem Film spielt der junge und frisch verheiratete Daigo, der als Cellist in einem professionellen Sinfonieorchester spielt. Für ihn, der sich stark verschuldet hat, um sich ein hochwertiges Instrument zu kaufen, ist es ein großer Schock, als das Orchester wegen Unwirtschaftlichkeit aufgelöst wird und er ganz plötzlich seine Stelle als Berufsmusiker verliert. Gemeinsam mit seiner Frau zieht er fort aus der Großstadt in das kleine Heimatdorf auf dem Land, wo beide im Haus der verstorbenen Mutter wohnen. Als Musiker kann er dort auf dem Land aber nicht arbeiten und so bewirbt er sich auf eine in der Zeitung ausgeschriebene Stelle bei einem Reiseveranstalter, ohne zunächst zu bemerken, dass es kein übliches Reisebüro ist, bei dem er sich beworben hat, sondern ein Bestattungsinstitut, welches Menschen auf der »letzten Reise« begleitet. In diesem Bestattungsinstitut lernt Daigo das uralte japanische »Nokan«-Ritual kennen. Bei diesem Ritual geht es darum, ein verstorbenes Familienmitglied im Beisein der Familie zu waschen und mit größtmöglicher Würde und Achtsamkeit einzukleiden und herzurichten, also zu frisieren und zu schminken. Daigo ist zunächst im absoluten inneren Widerstand zu dieser in seinem Umfeld sozial geächteten Tätigkeit und er verheimlicht auch seiner jungen Frau gegenüber, womit er sein Geld verdient. Als diese durch einen Zufall davon erfährt, welchen Beruf Daigo ausübt, verlangt sie von ihm, dass er damit aufhört und sich eine andere Beschäftigung sucht, da diese Tätigkeit »unrein« sei.[17]

Mittlerweile hat Daigo aber für sich erkannt, wie wichtig und würdevoll sein eigenes Tun trotz dieser gesellschaftlichen Dis-

---

17 Dabei handelt es sich um ein gesellschaftliches Problem in Japan. Bis heute werden Angehörige bestimmter Berufsgruppen, wozu u. a. auch Leichenwäscher und Totengräber gehören, ausgegrenzt und diskriminiert. Sie erfahren keinen sozialen Respekt und werden als Sonderlinge gebrandmarkt (vgl. Lenz, 2012).

kriminierung ist. Er spürt auch immer wieder und immer intensiver, wie wichtig das Nokan-Ritual für die Trauer der Hinterbliebenen ist. So geht er aus innerer Überzeugung seinen eigenen Weg. Durch seine bisher gesammelten Erfahrungen identifiziert er sich inzwischen mit seinem Beruf und lehnt die Bitte seiner Frau ab, die ihn daraufhin zunächst verlässt. Mit der Rückkehr seiner Frau, die inzwischen darum weiß, dass sie von ihm schwanger ist, entwickelt sich in diesem beeindruckenden Film auf unterschiedlichen Ebenen das Thema Versöhnung. Seine Frau ist nun in der Lage, sich dem beruflichen Tun von Daigo zu stellen und ihm Anerkennung und Wertschätzung entgegenzubringen, nicht für das Familieneinkommen, zu dem er beiträgt, sondern vor allem für sein würdevolles berufliches Handeln, das er nicht als »Job« ansieht, sondern welches er mit tiefer innerer Anteilnahme verrichtet. Darüber hinaus ist sie es, die Daigo ermutigt, dieses Ritual, von dessen Wirkung sie nun selbst tief überzeugt ist, auch mit seinem und für seinen verstorbenen Vater zu feiern, wodurch er in eine tiefe Versöhnung mit ihm gelangt. Jahrzehntelang hat Daigo darunter gelitten, dass sein Vater die Familie verlassen hat und jeden Kontakt, auch zu ihm als Sohn, abgelehnt hat. Seine Wut und seine Enttäuschung machen es ihm zunächst unmöglich, seinem Vater dieses Ritual zu »schenken«. Die Verweigerung hätte aber bedeutet, dass sein Vater im Rahmen eines nüchternen und seelenlosen Sozialbegräbnisses ganz pragmatisch verbrannt worden wäre. Die Ermutigungen durch seine Frau und durch seinen Chef (den Inhaber des »Reiseunternehmens«) führen dann aber dazu, dass seine zunächst übermächtige Wut sich verändert und er die große Chance zu erfassen scheint, die in diesem Dienst an seinem Vater liegt. Er lässt sich auf diesen handfesten und ritualisierten Versöhnungsprozess ein, weil er eine Ahnung entwickelt, dass er eine bedeutende Lebenschance verpassen würde, wenn er dem Schmerz, der unbestreitbar damit verbunden ist, ausweicht. Außerdem scheint Daigo eine Ahnung zu haben, dass er seinem Vater noch etwas schuldig ist. Durch diesen inneren Schritt über den eigenen Schatten wird das Geschenk, welches Daigo seinem Vater macht, letztendlich zu einem Geschenk an sich selbst.

Roser betont mit Blick auf diese Schlüsselsituation des Films, dass Daigo durch das Sich-Einlassen auf die körperliche Berührung des lange entbehrten Vaters die Chance ergreift, die Trauer, die auch sein Vater in sich trug, im ganz wörtlichen Sinne zu »begreifen«. »Der Körper ist der letzte Anker der Person in der Welt« (Roser, 2014, S. 123).

In der eigenen, inzwischen professionellen Vertrautheit mit dem Ritual und in der würdevollen ritualisierten Begegnung mit dem Vater macht Daigo eine tiefgehende Erfahrung, die für ihn letztlich zum Lebensgeschenk wird und einen tiefen Eindruck bei ihm hinterlässt, der zum Keim der Versöhnung einer verletzten Vater-Sohn-Beziehung werden kann. Nach meiner Erfahrung ist diese Szene gegen Ende des Films zugleich eine Szene, die auch zum Geschenk für die Zuschauenden wird. Ausgehend von dieser Erfahrung bin ich mir sicher, dass dieser Film für Trauernde mit einem unvollendeten Versöhnungsthema eine echte Hilfestellung sein kann, möglicherweise sogar eine wörtlich zu verstehende Schlüsselerfahrung. Wie eine Metapher, die sich durch den ganzen Film als Leitmotiv hindurchzieht, erscheint das Instrument, welches Daigo spielt und das er aus finanziellen Gründen verkaufen musste. Auch wenn sein Instrument faktisch nicht mehr für Daigo greifbar ist, so ist das Cello-Spiel den ganzen Film hindurch immer wieder hörbar, und zwar an besonders verdichteten Stellen. Die berührende Musik bleibt als emotionale Metapher und schlägt eine Brücke zum gefühlvollen Handeln bei der Ausführung des Nokan-Rituals. Ebenso wie es beim Cello-Spiel wichtig ist, dass die erzeugten Töne sanft und vollständig ausklingen können und dass sie eine gute Akustik brauchen, um ihre Wirkung entfalten zu können, braucht es auch am Lebensende einen empathischen und würdevollen Umgang mit dem Verstorbenen und den zurückbleibenden Trauernden.

Der weithin bekannte spirituelle Autor und geistliche Begleiter Pierre Stutz hat sich in einer seiner zahlreichen Veröffentlichungen ebenfalls mit dem Medium Film beschäftigt und sich in diesem Buch auch mit dem Film »Nokan« auseinandergesetzt: »Mit Bildern von größter Einfachheit und Intensität, die mich auch nach mehrmaligem Anschauen zum Weinen bewegen, zeigt diese Filmszene die zeitlose Lebensweisheit auf, dass es möglich ist, sich mit seinem Ursprung und seinen Primärbeziehungen versöhnen zu können. Diese Ursehnsucht sitzt ganz tief in unserem Herzen, und wir hängen uns selbst Klötze an unsere Beine, wenn wir diesen Schritt nicht wagen. Es kostet uns Energie, und unsere Kraftquelle verschließt sich uns, wenn wir in der Verbitterung stecken bleiben. Wir können viel dafür tun, ohne jedoch die Gewissheit zu haben, auch vom Herzen her verzeihen zu können. Es war für mich eine harte Lebensschule, anzunehmen, dass ich oft von Friedensschritten sprach und selbst innerlich noch nicht zum Verzeihen bereit war.

Manchmal ist es nicht mehr möglich, mit den Eltern Schwieriges aufzuarbeiten, wenn sie noch leben. Dies ist schmerzvoll und kann unsere Lebenskraft blockieren. [...] Versöhnung wird möglich, wenn wir nach einem mühsam-befreienden Prozess annehmen, dass auch unsere Eltern begrenzt sind und uns mit ihrem Anspruch, nur das Beste für uns zu wollen, behindert haben in unserer Entwicklung. Kraft aus den Wurzeln wird uns zufließen, wenn wir uns Wut und Auflehnung erlauben und uns zugleich daran erinnern, dass dies nur ein Teil von uns selbst und nur ein Teil unserer Mutter-/Vater-Beziehung ist« (Stutz, 2016, S. 163 f.).

Dieses Zitat macht deutlich, was auch das 4. Fallbeispiel thematisiert: die Möglichkeit zur Versöhnung mit Eltern, die aufgrund ihres biografischen So-geworden-Seins zwangsläufig ihren Kindern etwas schuldig geblieben sind, oftmals mehr aus Ängstlichkeit oder einem seelischen Schutzbedürfnis heraus als durch Vorsatz. Dieses Thema betrifft eine große Anzahl von Mitmenschen in unserer Gesellschaft, nämlich vor allem die Menschen, die in den 1950er und 1960er Jahren als Kinder der Kriegsgeneration geboren worden sind. Auch wenn die unmittelbar vom Kriegsgeschehen betroffenen Menschen inzwischen fast alle verstorben sind, so ist doch für deren Kinder, also die Nachkriegsgeneration, das Versöhnungsthema oftmals noch ein sehr gewichtiges und großes Lebens- und Trauerthema. Dafür als Trauerbegleiter/-innen sensibel zu werden und zu sein, halte ich für ausgesprochen wichtig. Denn gerade die Begleitungen von Menschen aus dieser Generation wird potenziell in den nächsten Jahren deutlich zunehmen, da es sich um die Jahrgänge handelt, die in der kommenden Zeit entweder sterben oder als trauernde Partner zurückbleiben.

Sofern es ambivalente Beziehungen (wie auch im Film »Nokan«) zu den Eltern gab, ist es durchaus naheliegend, dass diese auch bei der nachfolgenden Generation in eigenen Erfahrungen von Krankheit, Sterben und Trauer aktualisiert werden können. Backhaus betont in diesem Zusammenhang die Wichtigkeit, »sowohl positiv als auch negativ erlebte Gefühle und Bedürfnisse in der Beziehung zu benennen. Auch bei einer noch so belasteten Beziehung wird es immer einen positiven Anteil geben, und wenn es nur die Liebe zu der Person ist und das sehnsüchtige Bedürfnis nach Zuwendung oder Akzeptanz, das nicht gestillt wurde. In diesem Fall wird der Hinterbliebene eher betrauern, dass er das, was er gebraucht hätte, nicht bekommen hat. Zugrunde liegt aber die Liebe zu der Person, die diese Zuwendung versagt hat, und das Bedürfnis nach Schutz,

Zuwendung, Liebe und Wärme« (Backhaus, 2017, S. 116). Das, was Backhaus hier formuliert, wird auch eindrucksvoll belegt durch das 2. Fallbeispiel.

Ein Film, wie das zuvor vorgestellte Meisterwerk »Nokan«, kann Trauernden, die gedanklich um das Versöhnungsthema kreisen, durchaus empfohlen werden. Hilfreich kann dabei unter Umständen ein kleiner Fragenkatalog sein, der im Vorfeld mit Hinterbliebenen besprochen wird. Alternativ ist auch vorstellbar, dass Trauerbegleitende beim nächsten Treffen (im Einzelkontakt oder in der Gruppe) gezielte Fragen zur Wirkung dieses Films stellen. Solche Fragen könnten beispielsweise sein:
- Welche Filmsequenzen haben Sie besonders berührt und warum?
- Wo haben Sie sich selbst wiederentdeckt?
- An welchen Stellen konnten Sie besonders gut in die Identifikation mit den Hauptpersonen im Film gehen (Daigo, dessen Frau, der verstorbene Vater, der Mann aus dem Krematorium)?

Vergiss mein nicht (Dokumentarfilm, Deutschland 2012)
Auch dieser Film berührt das Versöhnungsthema, jedoch unter einer ganz anderen Perspektive. Es geht um das Thema Altersdemenz und damit um ein Thema, welches in einer zunehmend älter werdenden Gesellschaft ebenfalls eine Vielzahl von Angehörigen (Partner und/oder Kinder) betrifft. Diese sind Trauernde bereits vor dem Tod (Trauer um den Verlust der Persönlichkeit bzw. Identität) und selbstverständlich auch Trauernde nach dem Versterben eines demenzkranken Angehörigen. Die Trauer ist dann oftmals verbunden mit großen Schuldgefühlen aufgrund des eigenen inneren Bildes, nicht intensiv genug bzw. nicht oft genug für den verstorbenen Angehörigen da gewesen zu sein, oder aufgrund der unumgänglichen Entscheidung, jemanden in einer stationären Altenhilfeeinrichtung

in Pflege gegeben zu haben, da die eigenen Kräfte nicht ausreichten.

Der Film aus deutscher Produktion entstammt einem ganz anderen Genre als der zuvor vorgestellte Film »Nokan«. Es ist ein Dokumentarfilm des jungen Regisseurs David Sieveking, der seine eigene demenzkranke Mutter Gretel mit der Kamera begleitet. Wer selbst Erfahrung mit an Demenz erkrankten Angehörigen (Eltern, Partner, Geschwister) hat, der wird in vielen Fällen darum wissen, in welch herausfordernde Situationen man gestellt sein kann und welche heftigen Affekte ein solch persönlichkeitsveränderndes Krankheitsbild bei den begleitenden Angehörigen wachrufen kann. Hier zeigt sich die Notwendigkeit der Versöhnung wieder als zweiseitiges Geschehen. Ich muss (bestenfalls) mich mit meinem eigenen Affekt versöhnen und ich sollte versöhnlich sein mit dem an Demenz erkrankten Menschen.

Stutz, der auch diesen Film in seinem Buch über Filme vorstellt, beschreibt das in folgender Weise: »Als Glücksfall ist dieser Dokumentarfilm zu bezeichnen, weil dank einer tiefsinnighumorvollen Reise in die Erinnerung Lachen und Weinen gleichzeitig möglich werden und das Leben in seiner Zerbrechlichkeit in einem größeren Ganzen aufgehoben ist. Kraftvoll ist dieser Film, weil der Vater Malte sich erlaubt, allein einige Wochen ins Berner Oberland zu fahren, um neue Kraft zu schöpfen für die Begleitung seiner Frau. Genau um diese Grundhaltung geht es auf einem spirituellen Weg: Je mehr wir gefordert sind, je mehr uns das Leben durchschüttelt, umso mehr sind wir verpflichtet, auch gut für uns und unsere Balance zu sorgen« (Stutz, 2016, S. 166 f.).

Ich glaube, dass es für Menschen, die um einen Angehörigen trauern, der an einer Demenzerkrankung verstorben ist, hilfreich sein kann, sich diesem Film zu stellen, gerade unter dem Versöhnungsaspekt. Der Film zeigt ein vollständiges Bild der an

Demenz erkrankten Mutter des Regisseurs und sowohl heitere als auch traurige Momente, sowohl eine starke und kraftvolle Mutter Gretel als auch ihre Hinfälligkeit und den kognitiven Abbau, der mit einer Demenzerkrankung verbunden ist. Dennoch bleibt gegen Ende des Films der versöhnende und kraftvolle Satz des Sohnes: »Gretels guter Geist begleitet mich und sagt mir, wo's langgeht.«

Auch bei diesem Film bietet es sich an, Hinterbliebenen im Kontext von Trauer bei Demenz konkrete Fragen zu diesem Film zu stellen, wie zum Beispiel:
- Was hat Ihnen gefallen bzw. nicht gefallen am Umgang mit den Themen Demenz und Sterben?
- Hat Gretel Sie an jemanden erinnert?

Versöhnung als intergeneratives und transgenerationales Thema

Die Gedanken in den nachfolgenden Abschnitten sind das Ergebnis eines intensiven und persönlich-freundschaftlichen Gedankenaustausches mit Hugo Sebastian Mennemann, dem ich sehr dankbar bin, dass ich diese Gedanken in Absprache mit ihm in diesem Kontext so verwenden darf.

Beim Thema transgenerationaler Weitergabe von Kriegserfahrungen ist man neben der Schuld auch schnell beim Faktor Angst. Über die oftmals transgenerational vermittelten Ängste taucht dann wiederum das Thema Schuld auf, sei es durch konkretes Tun der Elterngeneration oder sei es – vermutlich noch häufiger – durch Unterlassen. Ein paar kurz skizzierte Beispiele, die konkret Bezug nehmen auf typische Kriegserfahrungen im Zweiten Weltkrieg, sollen das an dieser Stelle verdeutlichen:
- Es gab Situationen, in denen sich Erwachsene in den letzten Kriegsmonaten bewusst gemeinsam mit ihren Kindern vor

den Soldaten der Siegermächte versteckt haben, um durch die Gegenwart der Kinder vor Übergriffen geschützt zu sein. Die Kinder wurden also quasi als Schutzschild »benutzt« mit all den negativen Folgewirkungen, die dies bei diesen Kindern potenziell hinterlassen hat (Gestrich, 2005, S. 2).
- Auch die im Krieg notwendige Verdunkelung als Schutz bei Fliegerangriffen hat vielfach Übertragungsspuren bei den Kriegs- und Nachkriegskinder hinterlassen. So hält die Kriegsgeneration auch nach dem Krieg die Rollläden oftmals bei Dunkelheit geschlossen. Die Kriegserfahrungen saßen so tief, dass sie sich als unguter Rest auch in die Jahre danach übertragen haben. Die Folge dieser unguten Fortsetzung war dann, dass keiner sehen durfte oder sollte, was in den Wohnungen geschah.
- Unter der Überschrift »Emotionell missbräuchliche Bindung: Wenn Kinder versuchen, den Schmerz der Eltern zu heilen« beschreibt Alberti (2013, S. 126), wie Kriegseltern in den 1950er und 1960er Jahren eine verdeckte Bindungssuche spürten, die sich auf die eigenen Kinder richtete, wodurch diese in die Funktion gerieten, deren Sehnsucht nach Zuwendung gefahrlos zu stillen (Alberti, 2013). Auch dieses Beispiel zeigt, wie aufgrund der Kriegserfahrungen die Kinder »benutzt« wurden und wie es zu einer Umkehr von Eltern-Kind-Rollen kam und damit in der Konsequenz zu einer fatalen Überforderung der Kinder. Alberti formuliert dies so: »Seelischer Mangel und die gleichzeitige emotionale Versorgung der Bezugsperson – dies ist eine fatale Mischung für die eigene Entwicklung« (Alberti, 2013, S. 127).

Aus solchen Erfahrungen ist bei vielen (Nach-)Kriegskindern ein ausgeprägter Wunsch nach gesicherter Heimat und Geborgenheit entstanden, also der tiefe innere Wunsch, an einem wirklich sicheren Ort sein zu dürfen. Solche Wünsche entstanden bei dieser Kriegskindergeneration vermutlich durch unbewusst weitergegebene Elternerfahrungen. Das, was die Eltern dieser Generation im Rahmen ihrer Erziehung vermittelt haben und aufgrund eigener Erfahrungen auch nur vermitteln konnten, war oftmals »ängstlich-kontrollierend« und weniger »mütterlich/väterlich aufnehmend«. Der Hintergrund dafür lässt sich relativ leicht darstellen und erklären. Die unmittelbar vorher gemachten grausamen Kriegserfahrungen haben alles andere vermittelt als ein Gefühl von Freiheit, sondern vielmehr ein massives Gefühl, von außen stark abhängig und grundsätzlich einer unberechenbaren Willkür und Gewalt ausgesetzt zu sein. Die Kriegsgeneration hatte schlichtweg keine Chance, ein wirklich gesichertes Zuhause zu erfahren. In der unmittelbaren Konsequenz bedeutet das, dass die Kriegseltern ihren Kindern so wichtige Urerfahrungen wie »Ich habe ein sicheres Zuhause, in dem ich geborgen bin und Schutz genieße« vielfach nicht geben konnten. Die eigenen Erfahrungen und die Verunsicherungen und Verwundungen der eigenen Seele haben dies unmöglich gemacht. Dadurch entstand bei vielen Menschen dieser Generation statt des Gefühls, getragen und in einer geborgenen Hand sicher gehalten zu sein, oftmals das Gefühl von Unsicherheit und Orientierungslosigkeit. Viele Menschen aus diesen Jahrgängen (vgl. Fallbeispiel 4) thematisieren diese Gefühle von Unsicherheit, die sie mitunter wie eine Lebenslast mit sich tragen, in Trauersituationen nach dem Versterben der Eltern.

In solchen Situationen können zwei Zugänge hilfreich sein: zum einen – auf der Ebene der Kognition – das Verstehen des eigenen Gewordenseins durch die Erziehung der Eltern mit all deren Begrenzungen und eigenen Verletzungen; zum anderen ein Weg, den ich als spirituellen Zugang oder besser gesagt »Suchbewegung« bezeichnen möchte. Dabei geht es um die Suche nach der verlorenen Identität in mir.

Der Zugang über die Kognition geht über die Begegnung mit einem Verstorbenen in das Verstehen hinein. Wenn ein Trauernder auf der Suche nach der eigenen Identität in ein tiefes Verstehen gelangen will, wenn er sich also mit sich selbst versöhnen will bzw. mit den (noch) unversöhnten Anteilen in sich, dann muss er den Anderen zumindest so stehen lassen können, wie er ist. Es geht dann um das Bewusstsein in mir selbst. Eine innere Bewegung, die dazu führt, könnte beispielsweise folgenden Ausdruck haben: »Ich habe das nicht verstanden, was du getan hast, und ich habe darunter gelitten – aber ich schreibe dir keine Schuld (mehr) zu. Ich entlasse dich aus einer schuldhaften Verantwortung, die ich dir vorher zugeschrieben habe.« In der Trauerbegleitung lässt sich das konkret methodisch umsetzen, indem man Trauernden zum Beispiel den Vorschlag unterbreitet, einen Brief zu schreiben, der so beginnt, wie oben formuliert, zum Beispiel: »Liebe Mutter/Lieber Vater: Ich habe das nicht verstanden, was du getan hast, und ich habe darunter gelitten, dass du damals …, aber …« Diesen Briefanfang soll dann der Trauernde vollenden.

Darüber kann ein Zugang eröffnet werden zur Erkenntnis, dass unsere Eltern, Angehörigen, Partner und Freunde immer mehr sind, als wir selbst wahrnehmen bzw. wahrgenommen haben. Um ein besonders herausforderndes Versöhnungsthema anzusprechen: Selbstverständlich ist auch der Angehörige, der sich suizidiert hat, immer mehr, als ich von ihm wahrgenommen habe und auch wahrnehmen konnte. Diese Erkenntnis ist besonders wichtig im Hinblick auf die Schuldvorwürfe an sich selbst. Wenn es mir gelingt, das anzuerkennen, also meine eigene Begrenztheit im Blick auf andere anzuerkennen, dann wird es mir leichter fallen, gnädiger mit mir selbst umzugehen und dann im besten Fall auch gnädiger, freier und weiter mit den Menschen, die ich betrauere.

Neurobiologische Erkenntnisse in der Begleitung trauernder Menschen in Schuldzusammenhängen nutzen

Im ersten Teil dieses Buches bin ich ja bereits im Rahmen eines kleinen Exkurses auf Erkenntnisse aus der neurobiologischen Forschung eingegangen, die ich an dieser Stelle noch einmal aufgreifen möchte, und zwar – entsprechend der Systematik dieses Buches – im Hinblick auf die konkrete Anwendung in der Begleitung trauernder Menschen.

Ich habe eingangs von zwei Zugängen gesprochen und zunächst den Zugang über die Kognition erwähnt. Ich bin mir sicher, dass dem Verstehen von alten Zusammenhängen, die mit Schuldgefühlen zu tun haben, eine hohe Bedeutung zukommt. Der eigentlich wesentliche Zugang für trauernde Menschen liegt jedoch auf einer anderen Ebene. In Anknüpfung an Forschungserkenntnisse aus der Neurobiologie ist es wichtig, an dieser Stelle erneut darauf hinzuweisen, dass der wirkungsvollere Zugang über Aufstellungsarbeiten (systemisch oder auch psychodramatisch im Rollentausch), spirituell (über Bilder, Rituale, Symbole und Märchen) oder über das Medium Film (s. o.) geschieht. Solche Zugänge finden sich eindrücklich in einigen der vorgenannten Fallbeispiele wieder. Mehrfach ist dort von der Stuhlarbeit die Rede. Dabei geht es um die Möglichkeit einer Begegnung mit dem Verstorbenen im Rollentausch. Was dabei freigesetzt werden kann, veranschaulichen die genannten Beispiele. Im 5. Fallbeispiel wird die Arbeit mit eigenen Trauermärchen thematisiert und die Betroffene (Frau Wolf) beschreibt eindrücklich die aufschließende und befreiende Wirkung dieses noch einmal anderen Zugangs, der intensiv mit Bildern und Symbolen arbeitet.

An den Beispielen mag deutlich werden, dass es bei solchen Methoden nicht darum geht, etwas in die eigene Seele zu integrieren. Das wäre auch ein viel zu technisches Verständnis. Der Weg geht andersherum: Es geht darum, ein Bewusstsein von dem spezifischen Gewordensein der eigenen Seele zu bekommen. Das, inzwischen belegt durch die Erkenntnisse der Neurowissenschaften, gelingt eher über Bilder, Symbole und Rituale, also über Zugänge, die berühren, und zwar bei weitem nicht nur den Verstand, sondern darüber hinaus viel tiefer die Seele.

Zu den vorgenannten Aufstellungsarbeiten möchte ich noch anfügen, dass diese in Trauergruppen möglicherweise sehr angstbesetzt sein können und auch eine Überforderung darstellen können. Es verlangt also eine gute Intuition und ein gutes Gespür, ob und wann man solche Methoden einsetzt. Als einfachere und zugänglichere Variante empfiehlt sich die Arbeit mit dem sogenannten Systembaukasten, der es ermöglicht, Aufstellungen mit kleinen Holzfiguren zu machen und darüber Zusammenhänge sichtbar zu machen.

An dieser Stelle füge ich ein Zitat von F. Scott Fitzgerald ein, das in kurzen Worten ausdrückt, worum es mir hier geht:

»Rück mit dem Stuhl heran
bis an den Rand des Abgrunds.
Dann erzähl ich Dir meine Geschichte.«[18]

Das Zitat macht mehreres deutlich. Es geht um die Nähe des Trauerbegleitenden zum Trauernden, denn es braucht eine vertrauensvolle Beziehung, die tragfähig genug ist, um den Blick in den wie auch immer gearteten Abgrund auszuhalten. Es geht um die zu entwickelnde Bereitschaft eines trauernden Menschen, sich vorsichtig und achtsam dem eigenen Schmerz zu

---

18 F. Scott Fitzgerald (1896–1940) in deutscher Übersetzung frei zitiert in Wells (2016, S. 5). Der originale Text lautet: »Draw your chair up close to the edge of the precipice and I'll tell you a story« (Fitzgerald, 1945).

nähern. Und es geht darum, »an den Rand des Abgrunds« zu gehen, nicht weiter davon entfernt, aber auch nicht in die Tiefe des Abgrunds hinein. Es geht um die Berührung des Schmerzes.
Solche Berührungen haben durchaus etwas Konfrontierendes und ohne Frage auch etwas Schmerzhaftes. In der Stuhlarbeit konfrontiert sich ein trauernder Mensch mit einem Angehörigen, zu dem er möglicherweise ein ambivalentes Verhältnis hatte. Die inneren Bilder, die dadurch entstehen, können und dürfen situativ durchaus weh tun. Denn die Entwicklung und Veränderung gehen nur durch die »Berührung«, das heißt durch den Schmerz hindurch. Es geht also darum, sich dem Schmerz und der eigenen Lebensverwundung zu stellen, was aber nicht gleichbedeutend damit ist, durch den gesamten alten Schmerz hindurchzugehen. Davor ist zu warnen, um eine ansonsten mögliche Retraumatisierung zu vermeiden. Vielmehr geht es darum, den Schmerz sensibel zu berühren und sich vom Schmerz berühren zu lassen. Nur dadurch werden Ebenen des menschlichen Gehirns erreicht, die zu Veränderungen führen können, die wirkungsvoll und vor allem nachhaltig sind.
An dieser Stelle möchte ich auf ein Praxishandbuch aus dem Bereich der Psychotherapie verweisen. Ich tue dies nicht in der Absicht, Trauerbegleitung und Psychotherapie gleichzusetzen, sondern weil es in dem Handbuch (Schmucker u. Köster, 2015, S. 53–62) wertvolle Gedanken gibt, die sich gut und sinnvoll übertragen lassen in das Feld der Trauerbegleitung, welches sich ja vorrangig jenseits von therapeutischem Handeln vollzieht, und zwar deshalb, weil Trauer kein Geschehen mit Krankheitswert ist, sondern eine Ressource und Lebenshilfe, die uns Menschen hilfreich zur Verfügung steht.
Schmucker und Köster haben ein Fachbuch veröffentlicht, in dem sie eine dreiphasige Begleitung von Menschen (unter anderem auch in Trauer) vorstellen. Auch in diesem Ansatz geht es um das Wiedererleben alter, belastender Erinnerungen und der

damit verbundenen Emotionen. Die Absicht, die dahinter liegt, ist die, diesen damit verbundenen Schmerz einer Bearbeitung zugänglich zu machen. Hilfreich und wichtig ist das, was die beiden Autoren zur möglichen Gefahr einer Retraumatisierung anraten: »Während der Imagination sollten die Patienten mit einem Fuß in der belastenden Szene, mit einem Fuß in der aktuellen Realität bleiben« (Schmucker u. Köster, 2014, S. 53).

Die Grundhaltung der Begleitenden, die in diesem Buch vorgestellt wird, ist wichtig und gehört in den rasch abrufbaren »Arbeitsspeicher« eines jeden, der im Rahmen von Trauerbegleitung tätig ist: Der trauernde Mensch selbst ist der Wissende. Trauerbegleitende helfen lediglich dabei, dieses Wissen zu entdecken (vgl. Mucksch, 2015, S. 75 f.). Zudem haben sie die Aufgabe, die Struktur zu entwickeln und zu halten, in der ein trauernder Mensch die Gelegenheit erhalten kann, in die Interaktion »zwischen AKTUELLEM und DAMALIGEM ICH« (Schmucker u. Köster, 2014, S. 60) zu gehen und darüber bestenfalls in die Versöhnung zu gelangen. In dem so wichtigen Bewusstsein, dass ich als Begleiter wesentlich unwissend bin und dieses Unwissendsein auch als professionelle Grundhaltung begreife, werden trauernde Menschen »unterstützt und validiert und bekommen eine Bestätigung, dass sie selbst die Kraft und Ressourcen haben, ihre eigenen Lösungen finden zu können« (Schmucker u. Köster, 2014, S. 60). Auch in diesem psychotherapeutischen Ansatz zeigt sich, dass der letztlich wirklich hilfreiche Zugang nicht über die reine Ebene des rationalen Verstehens erreicht wird.

Zentral ist also die Erkenntnis, dass eine solche Veränderung auf der rein kognitiven Ebene nicht möglich ist. Diese Ebene wäre nicht nur zu eindimensional, sondern sie erreicht Menschen in dieser Situation auch nicht. Die Reaktion von trauernden Menschen, denen man auf der rein rationalen Ebene begegnet, auf der man versucht zu argumentieren und zu erklären, ist ja häufig geprägt von »Ja, aber«-Antworten. Anders formuliert: Schuldgefühle sind überaus beharrlich und lassen sich nicht, zumindest nicht nachhaltig, auf rationalem Weg »ausreden« (Onnasch u. Gast, 2015, S. 62 ff.). Paul hat dazu umfangreich gearbeitet und Erklärungen benannt bis hin zu der Erläuterung, dass manche Menschen ihre Schuldgefühle in der Trauer auf keinen Fall »hergeben« möchten, weil ihr Schuldempfinden subjektiv einen Sinn hat (Paul, 2010, S. 69 ff.). Um die vegetativ-affektive und die untere emotionale Ebene, die bei akut trauernden Menschen besonders aktiviert sind, zu erreichen, ist der Zugang über die kognitive Ebene (Großhirn/Neocortex) nicht geeignet. Die notwendigen Umschaltprozesse erfolgen nicht dort, sondern im limbischen System. Neue »Bahnungen« im Gehirn bilden sich dadurch, dass ein trauernder Mensch sich mit der erlebten Situation des Verlustes (auch) schmerzhaft auseinandersetzt.

Darum bin ich dankbar, in dieser Veröffentlichung zwei authentische Fallbeispiele vorstellen zu können, in denen im Dialog mit den betrauerten Verstorbenen eine solche Form der Auseinandersetzung sichtbar wird. Gerade im Blick auf Schuldaspekte und Versöhnungsmöglichkeiten oder -wünsche kann dieser innere Dialog mit Verstorbenen lösend und befreiend wirken. Sinnvoll dafür ist sowohl in der Gruppen- als auch in der Einzelarbeit die bewährte Übung mit dem leeren Stuhl, auf dem der verstorbene Angehörige sitzt, verbunden mit der Frage (mit oder auch ohne konkreten Rollenwechsel): »Was würde Ihre Mutter/Ihr Vater jetzt zu Ihnen sagen?«[19] Oft entstehen dann schmerzbehaftete und emotional besetzte Situationen und Resonanzen, die aber erfahrungsgemäß in den meisten Fällen

---

19 Wenn die Übung mit dem leeren Stuhl sehr angstbesetzt oder die Hemmung zu groß ist, gehen die konjunktivischen Fragen wie »Was würde Ihre Mutter jetzt zu Ihnen sagen?« auch ohne Stuhlarbeit.

in einem befreienden Lachen oder zumindest lockeren Umgang damit münden.

Entscheidend ist das vollständige Bild von der verstorbenen Person. Jeder Mensch hat Ambivalenzen, jede Beziehung hat Licht- und Schattenseiten. Idealisierungen von Verstorbenen, die Trauernde immer wieder vornehmen, sind auf Dauer nicht hilfreich, weil sie den so wichtigen vollständigen Blick auf einen verstorbenen Angehörigen verhindern. Es geht darum, Ambivalenzen zu benennen bzw. (besser noch) diese benennen zu lassen. Bildlich gesprochen bedeutet das, Türen zu erkennen und mit öffnen zu helfen, die Trauernden einen unverstellten Blick ermöglichen, auch um den Preis des damit verbundenen Schmerzes. »Ich halte den Konflikt aus und stehe ihn durch« betrifft ja nicht nur die Situation in der Trauer nach dem Versterben eines nahen Angehörigen, sondern es war und ist ja auch eine Wirklichkeit zu Lebzeiten, sofern es einen einigermaßen erwachsenen und emanzipierten Umgang mit Konflikten gab. Die Aussage »Ich halte den Konflikt aus und ich stehe ihn durch« ergibt im Übrigen auch aus christlich-theologischer Perspektive Sinn. Versöhnung geht – aus christlicher Perspektive betrachtet – nur durch Leid. Sie gelingt nicht durch ein Verbleiben an der Oberfläche, sondern ausschließlich durch das Hineingehen in die Tiefe, in die Passion. Versöhnung mit sich selbst mit allen – auch ambivalenten – Wirklichkeiten in einem setzt da an, wo ich mich nicht selbst rechtfertigen muss, sondern wo ich so sein kann, wie ich »vollständig« bin mit Licht- und Schattenanteilen. Es geht also darum, die immer und unweigerlich vorhandenen Ambivalenzen zuzulassen und mit ihnen (nicht gegen sie) mit Trauernden zu arbeiten. Es ist in den seltensten Fällen alles glatt und es geht auch nicht darum, alles glatt zu machen. Darum kann und darf es in einer Trauerbegleitung auch nicht gehen.

An dieser Stelle gehe ich in eine kleine fachliche Abgrenzung zu Kachler, der in seinem Buch »Meine Trauer wird dich finden«

(Kachler, 2005) die Liebe als Bindungselement zum verstorbenen Angehörigen beschreibt. Mir ist dieser Ansatz grundsätzlich wichtig und ich vermittle ihn auch regelmäßig seit Jahren in Qualifizierungskursen für Trauerbegleitende. An einer Stelle greift mir dieser Ansatz jedoch etwas zu kurz, und zwar bei der aus meiner Sicht zu einseitigen Betonung der Liebe. Durch diese Einseitigkeit vereinfacht dieser Ansatz und es geschieht damit auch gewissermaßen eine Verfälschung. Das führt in der Konsequenz dazu, dass mögliche sinnvolle Chancen im Sinne der zuvor genannten Ausführungen liegen gelassen werden. Will ich als Trauerbegleitender diese wertvollen Chancen nutzen, dann ist es wichtig, dass ich nicht über die dunklen, möglicherweise auch konflikthaften Seiten hinweggehe. Eine wesentliche Chance, die dahinter liegt, ist die große Möglichkeit, dass sich daraus Energie, Kraft und Dynamik entwickeln können, also die Ressourcen, die bei Trauernden oftmals verschüttet sind.

In der Konsequenz bedeutet das, dass es darum geht und gehen muss, eine Bereitschaft mitzubringen, mit dem ganzen psychischen und physischen System eines trauernden Menschen einen erlittenen Verlust und die damit verbundenen Verletzungen aufzuarbeiten. Trauerbegleitende müssen dazu bereit sein, sich auf solche Begleitungswege einzulassen, und aus einer solchen Bereitschaft heraus Trauernde motivieren, sich ebenfalls darauf einzulassen. Es geht darum, nicht nur die kognitiven Erinnerungsspeicher in den begleitenden und zugleich wohlwollend-wertschätzenden Blick zu nehmen, sondern auch die anderen Speicherstätten des Körpers. Die Bereitschaft, zum Beispiel auch die Seelenebene mit in die bewusste Wahrnehmung zu nehmen, eröffnet Erkenntnisse auf einer komplett anderen, weiteren Ebene und ermöglicht damit vollständig andere Zugänge und Perspektiven.

Wichtig ist mir an dieser Stelle ein weiter und offener Blick, der sich nicht nur darauf beschränkt, dass wir kognitiv erinnernde und damit potenziell »wegrationalisierende« Wesen sind, sondern der dafür offen ist, dass wir in unserem Körper viel mehr »Speicherstätten« haben als unseren Verstand, zum Beispiel in unserem Nervensystem. Auch dort gibt es grundsätzlich sinnvolle, aber unbewusste Erinnerungsmarker. Daher kann es passieren, dass unser Nervensystem unmittelbar auf etwas reagiert, das uns nicht aktuell bewusst ist. Problematisch daran ist, dass solche Erinnerungsmarker auch dann noch präsent wirksam sind, wenn wir sie nicht mehr benötigen.

Auch dieses Beispiel zeigt, dass wir alle viel mehr sind, als uns bewusst ist. Wir alle tragen Dinge und Anteile in uns, die zum Teil ambivalent sind und die wir gern negieren oder auch abspalten würden. Da das so ist, sind wir alle mehr oder weniger versöhnungsbedürftig. Mit der eigenen Anerkennung der individuellen Versöhnungsbedürftigkeit beginnt die Fähigkeit, trauernde Menschen in deren Versöhnungsprozessen zu begleiten.

»Der Raum kann nur so weit sein, wie ich innerlich weit bin« – die Anerkennung von Dualität als unausweichliche Realität der menschlichen Existenz

Ausgehend von den Gedanken aus dem vorausgegangenen Abschnitt geht es also wesentlich darum, anzuerkennen, dass es in unserer Welt eine grundsätzlich vorhandene Dualität gibt. Wir leben in dieser und mit dieser Dualität und können sie nicht auflösen. Rohr formuliert das so: »Wenn man auf dieser Erde lebt, kommt man nicht um die Spannung herum, Gegensätze und Widersprüche aushalten zu müssen« (Rohr, 2016, S. 125). Daher bedeutet Versöhnung letztendlich die Anerkennung dieser unauflöslichen Dualität. Letztlich geht es um die Anerkennung des Menschseins in all seinen Bedingungen, Auswirkungen und gelebten Facetten. Bei der Versöhnung geht es wesentlich auch um die Versöhnung mit diesen gegebenen Bedingungen des Menschseins und um die Versöhnung mit sich selbst.

Mit diesem Gedanken komme ich wieder auf zwei Abschnitte zu Beginn dieses Buches zu sprechen: auf die Unausweichlichkeit von Schuld und die Unvermeidbarkeit von Verletzungen. Daraus kann die Erkenntnis wachsen, dass ich im Letzten – auch nicht in vertrauten zwischenmenschlichen Beziehungen – keine absolute Gerechtigkeit herstellen kann. Diese Feststellung darf natürlich nicht als Freibrief verstanden werden, wobei ich diese Gefahr in Trauerbegleitungszusammenhängen auch nicht sehe. Wichtiger ist die große Chance, die mir darin zu liegen scheint, trauernden Menschen, die mit dem Schuldthema unterwegs sind, vermitteln zu können, dass im Grunde niemand dazu in der Lage ist, einem Anderen nichts schuldig zu bleiben. Dieses der Dualität Unterworfensein als Bedingung des Menschseins bedeutet aber in keiner Weise eine Beliebigkeit, sondern stellt eine Herausforderung dar. Diese lautet, dass ich mich dieser Gegebenheit verantwortungsvoll stellen muss.

Wenn Leben in Dualität zu den Grundbedingungen des Menschseins gehört und diese Dualität unser Sein bestimmt, dann gehört zur Versöhnung, diese menschliche Bedingung anzuerkennen. Konkret heißt das: Alles ist in mir, Gut und Böse, Altruismus und Egoismus, Heilendes und Zerstörendes, Verbindendes und Trennendes ... Daran wird deutlich, dass Versöhnung zuallererst bei mir selbst beginnen muss: »Ich erkenne in mir auch die ungeliebten Anteile, die andere Menschen haben.« Herausfordernd wird das dort, wo ich »negative« Anteile und Begrenzungen in mir entdecke, von denen ich mich am liebsten abgrenzen oder die ich vielleicht noch viel lieber verleugnen würde.

Stutz hat diese Herausforderung in einem Text mit dem Titel *»Versöhnung mit dir selber«* verdichtet. Ich halte diesen Text für geeignet, um ihn zum Beispiel in einer begleiteten Trauergruppe oder in der Einzelbegleitung Trauernden zu geben und gemeinsam mit ihnen zu besprechen.

»Versöhnung mit dir selber wünsche ich dir,
die sich ereignet im Ja-Sagen
zu deinen Gaben und Begrenzungen.

Versöhnung mit dir selber wünsche ich dir,
jene tiefe Einsicht, deinem Verhalten auf den Grund zu gehen,
um dich besser verstehen zu können.

Versöhnung mit dir selber wünsche ich dir,
jenes Wohlwollen, Fehler und Fehler einzugestehen,
weil du auch daran wachsen und reifen kannst.

Versöhnung mit dir selber wünsche ich dir,
im integrieren deiner Behinderungen und Verletzungen,
damit sie aus der Tiefe heilen können. [...]«
(Stutz, 2011, S. 101 f.)

Diese Anteile zu integrieren fällt schwer! Das gilt für Trauerbegleitende und, mehr noch, für trauernde Menschen in Schuldzusammenhängen. An dieser Stelle zeigt sich, wie wichtig im Rahmen von Trauerbegleitungsausbildungen die Selbsterfahrungsanteile sind. Durch die Selbsterfahrungselemente soll die Selbstreflexionskompetenz geschult bzw. erweitert werden. Diese Erweiterung, gerade im Hinblick auf die nicht so gern in den Blick genommenen Anteile des eigenen Soseins, ist der eigentlich bedeutsame Punkt. Denn ich kann als Begleiterin bzw. Begleiter von Trauernden innerlich nur so weit sein, wie ich als Person innerlich weit und offen bin. In der Trauerbegleitung eröffne ich einen Begegnungsraum und auch dieser Raum kann definitiv nur so weit und offen sein, wie ich selbst weit und offen bin. Das ist der hohe Anspruch und zugleich die große Chance. Aus diesem Grund ist es auch nicht mit einer Qualifizierung durch eine Fortbildung zur Trauerbegleitung getan, sondern es bedarf danach unbedingt der regelmäßigen kollegialen Beratung und der Supervision.

Anhand von einigen reflektierenden Fragen versuche ich nachfolgend dafür zu sensibilisieren, was ich damit meine, wenn ich die Frage formuliere: »Wie weit ist der Raum der Trauerbegleitung, den ich zu öffnen versuche?« Folgende Fragen gehören für mich dazu:
- Was können Trauernde in diesem durch Begleitung zur Verfügung gestellten Raum sehen?
- Wozu kann ich sie ermutigen?
- Was können sie zulassen an eigener emotionaler und vielleicht auch seelischer Erkenntnis?
- Wie weit können Trauernde sich berühren lassen?
- Wie sehr bin ich als Trauerbegleitender berührbar?
- Wie authentisch und kongruent bin ich in der von mir angebotenen Beziehung?
- Wie echt und damit auch weit und ermutigend ist mein zur Verfügung gestellter Kontakt?

Dieser Abschnitt hat begonnen mit Gedanken zur Dualität als Grundbedingung unserer Lebenswirklichkeit. Was damit gemeint ist, bringt ein Text des bereits zitierten Rohr zum Ausdruck. Es ist ein spiritueller Text von einem geistlichen Autor. Für mich ist es konsequent, diese Ebene hier mit hineinzunehmen und an sie zu erinnern, denn nach meiner Wahrnehmung vollziehen sich Versöhnungsprozesse im Wesentlichen als seelische und spirituelle Prozesse. Oftmals ist erst auf der seelisch-spirituellen Ebene eine Weite möglich, die zuvor nicht für denkbar (rationale Ebene) gehaltene Prozesse dann doch möglich macht. Oder anders formuliert: Es geht nicht um Willensentscheidungen und um eine festgelegte, planbare Abfolge von Einzelschritten. Eine solche Willensfixierung suggeriert, dass Versöhnung machbar und herstellbar ist. Genau das gilt für Versöhnung nicht. Diese Erkenntnis ist für Trauerbegleitende wichtig, und zwar zum Schutz der Menschen, die in der Begleitung sind. Echte Versöhnung hat Geschenkcharakter (vgl. Schulte, 2013, S. 80) und entzieht sich jeglichem Leistungsanspruch. Darum zu wissen schützt Trauerbegleitende vor Selbstüberschätzung und Trauernde vor Übergriffigkeit. Damit der Geschenkcharakter spürbar und wirksam wird, muss Versöhnung sich im individuellen Prozess und in persönlicher Ausgestaltung ereignen können. Auch hier geht es um zu öffnende weite Räume.

Einen öffnenden, den Blick weitenden Text, der Chancen in sich trägt, andere Perspektiven zu öffnen, möchte ich an dieser Stelle einfügen. Ich nutze diesen Text gern in Fortbildungskontexten mit Menschen, die in der Trauerbegleitung tätig sind.

»Das wundervolle Wörtlein ›und‹
›Und‹ lehrt uns, ja zu sagen.
›Und‹ erlaubt uns, sowohl als auch zu sein.
›Und‹ schützt uns vor dem Entweder-oder.
›Und‹ lehrt uns, geduldig und langmütig zu sein.
›Und‹ bewahrt uns vor dualistischem Denken.
›Und‹ zerspaltet die Gegenwart nicht.
›Und‹ hilft uns, im ewig unvollkommenen Jetzt zu leben.
›Und‹ lässt uns allem gegenüber aufnahmebereit und mitfühlend sein.
[…]
›Und‹ erlaubt uns, immer beide Seiten zu kritisieren.
›Und‹ erlaubt uns, immer beide Seiten zu würdigen.
[…]
›Und‹ hilft uns, die eigene dunkle Seite zu sehen und anzunehmen.

›Und‹ ermöglicht uns, um Vergebung zu bitten und uns zu entschuldigen.
›Und‹ ist das geheime Paradoxon in allen Dingen.
›Und‹ ist der Weg der Barmherzigkeit.
[…]
›Und‹ traut keiner Liebe, die nicht zugleich Gerechtigkeit ist
›Und‹ traut keiner Gerechtigkeit, die nicht zugleich Liebe ist.
[…]
›Und‹ erlaubt uns, klar und zugleich eins zu sein.
[…]«
(Rohr, 2016, S. 219 f.)

Für mich ist dieser (hier in Auszügen zitierte) Text im Kontext eines Buches zu den Themen Trauer und Versöhnung wertvoll, weil er die Enge polaren Denkens auflöst und deutlich macht, dass es eben nicht um ein Entweder-oder geht, sondern immer um ein Sowohl-als-Auch, welches letztendlich dazu führt, Menschen, auch und gerade verstorbene und betrauerte Angehörige und Zugehörige, vollständig und damit versöhnlich anzuschauen mit allen Anteilen ihrer Persönlichkeit und ihres So-geworden-Seins.

Rohr formuliert das so: »Polares Denken lässt alle Feinheiten und Differenzierungen außer acht und behauptet falsche Gegensätze« (Rohr, 2016, S. 116 f.). Übertragen auf das Erleben eines trauernden Menschen, der sich selbst in Schuldzusammenhängen erlebt, könnte das bedeuten, dass die einseitig positive Zuschreibung an den Verstorbenen im Sinne eines »polaren« Blicks ein wesentlicher Grund für das Schuldfühlen bzw. Schulderleben ist. Die im besten Fall große Weite des Beziehungsraumes in der Begleitung hat die Chance, diesen einseitig-idealisierenden Blick zu verändern. Es geht, so Rohr, darum, dass »wir die Güte und den Wert von etwas schätzen können, obwohl wir seine Grenzen und Schwächen kennen« (Rohr, 2016,

S. 124). Das kann sich sowohl auf einen Verstorbenen beziehen als auch auf einen trauernden Menschen.

Mit der Abbildung 1 (S. 118) möchte ich noch einmal veranschaulichen, welche Bedeutung die seelisch-spirituelle Ebene für das Moment der Versöhnung hat. Auch hier taucht wieder der Aspekt der Dualität auf. Zugleich soll die Grafik darstellen, dass wir auf unterschiedlichen Ebenen Erinnerungen und Erfahrungen abspeichern und wo die Möglichkeiten und Chancen liegen, sich aus der Dualität und dem polaren Denken zu lösen.

Die oberste Ebene ist unser Körper, der unmittelbar greifbare Teil. Die nächste Ebene ist unser Bewusstsein, das Denken und das bewusste Fühlen. Die dritte und zugleich tiefste Ebene nimmt Bezug auf die spirituelle oder auch transzendente Ebene in uns, die zugleich am wenigsten fassbar und beschreibbar ist. Die die drei Ebenen umgebende Glocke verdeutlicht die unterschiedlichen Tiefendimensionen. Um zu erhellen, dass die Ebenen unterschiedlich greifbar bzw. fassbar sind, habe ich sie mit folgenden drei Zuschreibungen versehen: leiblich (»grobstofflich«), geistig-seelisch (»fein-stofflich«), spirituell (»feinststofflich«):

- Auf der *leiblichen Ebene* geht es um Sicherheit, Kontrolle und Fixierung. Hier zählt das Entweder-oder (das bereits angesprochene duale bzw. polare Denken).
- Auf der *geistig-seelischen Ebene* befinden wir uns überwiegend auf der Ebene der Kognition, aber auch auf der Ebene des Fühlens. Das ist die Ebene, auf der Verleugnung und Verdrängung (durchaus aus gutem Grund) stattfinden. Auf dieser Ebene können wir wegrationalisieren und abwehren. Hier verdrängen wir unsere Schatten.
- Auf der *spirituellen Ebene* können die Lösung und Heilung aus der Fixierung gelingen. In der Tiefe der Seele ist über das kognitive Erfassen (Denken) hinaus ein echtes Erkennen

möglich, welches eine viel größere Weite hat. Im tiefen seelischen Erkennen (ohne zugleich zu bewerten) liegt die große Chance, sich aus der Fixierung und der Kontrolle des Entweder-oders zu lösen und zu einem Sowohl-als-Auch zu gelangen. Möglicherweise kann darüber, in vorausgegangener leib-seelischer Auseinandersetzung, der tiefe und versöhnende Kontakt gelingen, den trauernde Menschen oftmals suchen. Wichtig ist an dieser Stelle zu erwähnen, dass das Spirituelle auch leiblich erfahrbar ist.

Es geht um eine Bereitschaft, mit dem ganzen psychischen und physischen System, also mit allen zur Verfügung stehenden Speicherstätten, eine erlittene Verletzung aufzuarbeiten, das heißt nicht nur auf der kognitiven Ebene! Der spirituellen Ebene (Seele) kommt dabei die Qualität zu, dass sie die unmittelbare Ebene des Betrachtens ist. Auf dieser Ebene kann Erkenntnis stattfinden. Diese Seelenebene ermöglicht eine echte Erkenntnis auf einer komplett anderen und tieferen Ebene. Dadurch können ganz andere Perspektiven und Chancen entstehen. Ley weist darauf hin, dass dazu auch die sogenannte »Herzkohärenz« gehört, die eine psychische und spirituelle Seite hat (Ley, 2005, S. 158).

Noch einmal zur Frage, ob auch die Aussöhnung mit Verstorbenen oder sogar die Aussöhnung von Verstorbenen gelingen kann. Sicher ist es so, dass Versöhnung die Erfahrung im Sozialen braucht, um sich festigen zu können. Dazu braucht es aber nicht zwingend den leibhaftigen Kontakt (siehe Abbildung 1).[20] Versöhnung wirkt und kann stattfinden auf allen drei vorgestellten Ebenen. Zudem kann sie im Rahmen von Trauerbegleitung auf allen drei Ebenen »bearbeitet« werden. Hilfreiche Zugänge

---

20 »Begegnungen« mit verstorbenen Menschen (z. B. Beispiel im Traum) können so »leiblich«, sein, dass Menschen dadurch zum Beispiel wach werden oder vegetativ-körperlich reagieren.

sind zum Beispiel systemische Zugänge (über Aufstellungsarbeiten), psychodramatische Zugänge, spirituelle Zugänge. Es braucht dafür Bilder, Symbole und Rituale, also Zugänge, die andere Ebenen im Menschen berühren und ansprechen. Alle diese Zugänge »sind mehrdeutig und vielschichtig. Sie sind mit vielen Gefühlen verbunden und werden mit allen Sinnen wahrgenommen« (Ley, 2005, S. 160).

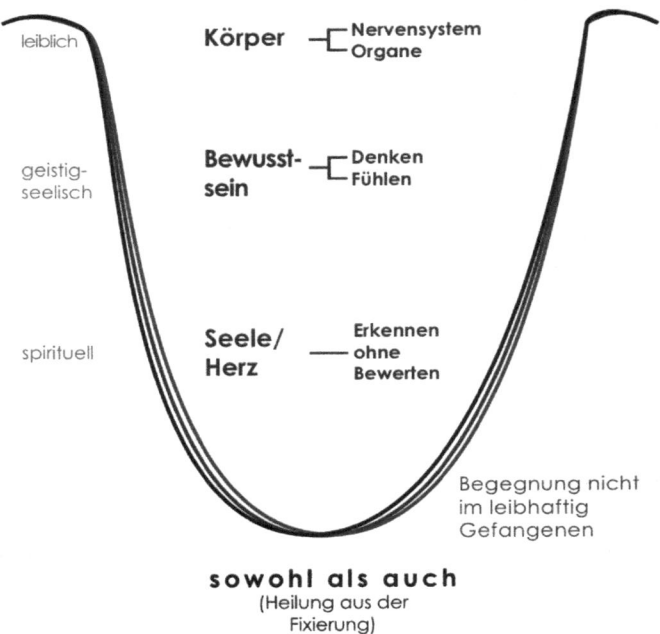

Abbildung 1: Drei Versöhnungsebenen: Vom Entweder-oder zum Sowohl-als-Auch

Nicht ohne Grund – sofern diese nicht sinnentleert sind – erfahren Menschen Rituale oft als hilfreich und suchen gerade in Zeiten der Lebenswenden (z. B. Geburt, Eheschließung, Tod) nach solchem Ausdruck mit zeichenhaften Handlungen. Rituale geben Halt, sind sinnstiftend und vermitteln ein Gefühl von Solidarität und Getragensein.

Trauerbegleitende – verwundete Helfer/-innen

In der vorbereitenden Literaturrecherche für dieses Buch habe ich ein Buch zur Hand genommen, welches mich bereits in den 1980er Jahren während meines Studiums fasziniert und positiv beeinflusst hat. Es ist ein Buch des Pastoraltheologen Rolf Zerfaß mit dem Titel »Menschliche Seelsorge«. Im vierten Kapitel beschreibt er unter der Überschrift »Der Seelsorger – ein verwundeter Arzt« (Zerfaß, 1988, S. 98 ff.) ein Bild von seelsorgend Begleitenden, welches übertragbar ist auf das, was auch in der Trauerbegleitung geschieht. Zerfaß' Kapitelüberschrift hat mich zur Überschrift dieses Kapitels inspiriert. Ich werde nachfolgend einige Gedanken von Zerfaß auf das Tätigkeitsfeld der Trauerbegleitung übertragen. Zu Beginn des relevanten Kapitels erklärt Zerfaß, worum es wesentlich geht, indem er schreibt, dass jeder Mensch in einer Krise die wichtigen Schritte selber tun und allein verantworten muss. Echte Seelsorge, die diese Bezeichnung verdient und ihr gerecht wird, darf nicht Betreuung oder gar Bevormundung sein, sondern muss Begleitung sein (Zerfaß, 1985, S. 99). Wer begleitet, geht nicht voran (Mucksch, 2015). Im weiteren Verlauf fordert Zerfaß dazu auf, die eigenen Wunden als Trauerbegleitende ernst zu nehmen. »Das Anschauen der eigenen Verletzungen, die Konfrontation mit den eigenen Grenzen ist eine unersetzbare Voraussetzung für den seelsorglichen Dienst« (Zerfaß, 1985, S. 101) und damit auch für die Begleitung trauernder Menschen. Für mich gehört mit dazu, dass ich bereit sein muss, meine eigene Versöhnungsbedürftigkeit in den Blick zu nehmen. Zu den genannten eigenen Grenzen zähle ich die menschliche Begrenztheit in mitmenschlichen Kontakten, die ich bereits an verschiedener Stelle angesprochen habe: Ich kann nicht in jedem Kontakt für absolute Ausgeglichenheit sorgen und bleibe zwangsläufig anderen Menschen immer etwas schuldig. Dass es außerordentlich schwer ist, dies für sich selber anzuschauen und anzuerkennen, steht außer Frage. Sich selbst mit den eigenen Untiefen und Verstrickungen anzunehmen, ist schwierig bis unmöglich. Und doch ist es diese Aufmerksamkeit und Akzeptanz der eigenen Vulnerabilität, die eine Verbindung schafft zum eigenen Schmerz. Zerfaß weist darauf hin, dass diese Aufmerksamkeit auf keinen Fall als Wehleidigkeit diffamiert werden darf, sondern dass sie eine wichtige Funktion hat: Sie schneidet denjenigen, die begleiten, den Fluchtweg in die Aktion und Geschäftigkeit ab.»Die Aufmerksamkeit für die eigenen Wunden stehen (sic!) nicht im Gegensatz, sondern im Zusammenhang mit der Sorge um die Wunden der anderen« (Zerfaß, 1985, S.102). Es geht also darum, sich ausgehend von den eigenen – gut reflektierten und bewussten – Verwundungen den Wunden der Anderen zu nähern.

Trauerbegleitende, die sich ihrer Bedürftigkeiten und Verletzungen bewusst sind und die die Bedeutung und Verantwortung ihrer Begleitungsrolle kennen, werden mit dem Vorgenannten so umgehen, dass sie in Begleitungskontakten mit ihren Leid- und Schulderfahrungen abstinent umgehen. Da sie eigene bewusste und integrierte Erfahrungen in sich tragen, wissen sie darum, dass es in der akuten Situation nicht in erster Linie darum geht, einem trauernden Menschen seinen Schmerz oder sein Schuldgefühl zu nehmen, sondern vielmehr darum, eine innere und tragfähige Bereitschaft zu haben und zu vermitteln, den Schmerz des Anderen zu vertiefen, und zwar so sehr, dass eine Tiefe erreicht wird, aus der heraus wirkliche Heilung entstehen kann. Dazu benötige ich aber den Mut, selbst in eine solche Tiefe hinabzusteigen. Erst dann kann ich trauernden Menschen helfen, sich selbst auch »dieser Tiefe zu stellen und von unten her, von Grund auf, nach neuen Wegen zu suchen, mit der eigenen Not umzugehen« (Zerfaß, 1958, S. 103).

Was ist so schlimm an Schuldgefühlen?

Weiher (2011) stellt die Frage »Was ist so schlimm an Schuldgefühlen?« in seinem Buch »Das Geheimnis des Lebens berühren«, in dem er aufzeigt, wie wichtig ein tieferes Verständnis des Begriffes »Schuld« ist, den wir vordergründig oft und viel zu leicht und zu schnell ausschließlich negativ etikettieren. Ich nutze diese kluge und hintergründige Frage am Ende dieses Buches, um für den eigenen Umgang in der Begleitung Trauernder mit den Themen Schuld und Schuldgefühle zu sensibilisieren. Die von Wechsler (1990) aus dem Amerikanischen (»What's so bad about guilt?«)[21] übernommene Frage kann und soll unseren Blick in eine andere Richtung lenken. Es geht darum, Schuldgefühle nicht sofort (negativ) zu bewerten und schon gar nicht dem Impuls zu folgen, sie zu eliminieren. Vielmehr geht es im Sinne einer personzentrierten Grundhaltung darum, solches Empfinden zunächst einmal zu akzeptieren und in seinem tiefen inneren Grund zu verstehen. Hutter weist darauf hin, dass das Erleben von Schuld als existenzieller Schuld in Zusammenhang mit der Frage steht, wie Menschen mit Freiräumen und Möglichkeiten umgehen. In letzter Konsequenz, so Hutter, würde eine

---
21 Ich möchte mit der Verwendung dieses Zitates sensibilisieren für den Umgang mit dem Schuldbegriff und dabei natürlich nicht in Abrede stellen, dass es Menschen gibt, die unter ihren Schuldgefühlen intensiv leiden und diese als »schlimm« empfinden.

Verdrängung der Schuldfrage oder sogar ein Abschied vom Schuldbegriff bedeuten, »den Menschen nicht mehr nach dem Gebrauch seiner Freiheit zu fragen« (Hutter, 2014b, S. 10).

Weiher plädiert daher folgerichtig dafür, das Schuldthema »angemessen« (Weiher, 2011, S. 262) zu behandeln, und zwar aus dem ganz einfachen Grund, »weil Menschen es äußern und sich damit herumschlagen« (Weiher, 2011, S. 262). Zentral ist für ihn die Fragestellung, was betroffene Menschen damit verbinden und wie sie ihr Schuldempfinden selbst deuten. Analog zum Titel seines Buches macht Weiher darauf aufmerksam, dass sterbende und trauernde Menschen mit dem Schuldthema das Geheimnis des eigenen Lebens umkreisen (Weiher, 2011, S. 270). An dieser Stelle wird deutlich, dass das Schuld- und Versöhnungsthema ein zutiefst spirituelles Thema ist, welches auch so verstanden und begleitet werden will. Schaue ich in dieser Art und Weise auf dieses Thema und eben nicht vorrangig und ausschließlich rational, analytisch und handlungsorientiert, dann schützt dies den trauernden Menschen und mich selbst. Denn dann stehe ich – um mit Weiher zu sprechen – nicht oder zumindest viel weniger in der Gefahr, zum Vertröster, Verharmloser oder Dramatisierer (Weiher, 2011, S. 270) zu werden, auch nicht zum machtvollen Retter. Weiher mahnt hier an, dass es all das nicht braucht, sondern dass vielmehr ein »gnädiger Seelenraum« (Weiher, 2011, S. 270) nötig ist. In solchen Seelenräumen, die eine weite Offenheit anbieten und die Trauernde »auf weiten Raum zu stellen«[22] vermögen, kann es möglich werden, eben nicht nur die rationale Ebene eines trauernden Menschen zu erreichen. Solche Seelenräume wollen und können es ermöglichen, im Sinne der vorgenannten Gedanken mit Leib und Seele zu trauern (Onnasch u. Gast, 2015).

---

22 Ich nutze hier ein Sprachbild aus Psalm 31, 9 »Du stelltest meine Füße in weiten Raum« (Bibel, 2016).

Ich versöhne mich mit mir – Ich versöhne mich mit der Situation – Ich versöhne mich mit dir – Ich söhne dich aus

Während der gesamten Entstehungsphase dieses Buches hat mich die Frage umgetrieben, was als versöhnendes Handeln für trauernde Menschen im Hinblick auf einen Verstorbenen überhaupt möglich ist und wie weit diese Versöhnung reichen kann, zumal es ja kein leibhaftiges Gegenüber mehr gibt. In der Konsequenz stellt sich die Frage: Wobei können Trauerbegleitende begleiten? Ich hoffe, dass die Gedanken in diesem Buch, vor allem aber die Fallbeispiele zumindest auf einige dieser Fragen Antworten geben und dazu anregen konnten, diese Fragen weiterzudenken.

Die Frage, ob ein trauernder Mensch sich mit der gegebenen Situation, mit sich selbst oder mit der/dem Anderen aussöhnen kann oder ob es gar möglich ist, den oder die Andere/n auszusöhnen, wird immer wieder neu eine sehr individuelle Form und ein sehr persönlicher Prozess sein. Am wenigsten strittig sind – so glaube ich – die beiden Möglichkeiten und Chancen, sich mit der Situation und mit sich selbst auszusöhnen, womit ich nicht sagen möchte, dass es einfache Optionen sind. Das Verstehen einer verletzenden Situation und – intensiver noch – das Begreifen der Hintergründe, die dazu geführt haben, kann dazu bewegen, dass Menschen sich damit aussöhnen.

Ähnliches gilt für Situationen und Entwicklungen, die einen Menschen selbst haben schuldig werden lassen. Auch hier besteht die Möglichkeit, solche Verwicklungen, Bedingungen und Hintergründe, die zum Schuldempfinden geführt haben, als Chance zu sehen, um ins »Begreifen« zu kommen. Ich benutze an dieser Stelle ganz bewusst diese haptischen und taktilen Begriffe. Es geht nicht nur um das rationale Verstehen, sondern mehr noch um das tatsächliche Erfassen. Mehrfach habe ich versucht, deutlich zu machen, wie wichtig dafür das auch schmerzhafte

Berühren solcher Situationen ist. Oftmals ist dazu ein tastendes Suchen gemeinsam mit einem trauernden Menschen notwendig – ein Suchen nach einem Zugang, der den Verstorbenen nicht verklärt und der den zurückbleibenden Menschen mit seinen ambivalenten Gefühlen sein lässt und akzeptiert.

Es gibt mitunter aber auch die innere Bewegung und den tiefen Wunsch bei Trauernden, sich mit der verstorbenen Person zu versöhnen, manchmal sogar diese selbst auszusöhnen. In den Fallbeispielen finden sich dafür mehrere Belege. Hier könnte nun die kritische Frage auftauchen, ob eine solche innerliche Bewegung, möglicherweise bestärkt durch einen symbolischen Akt oder ein Ritual, nicht vielleicht etwas Übergriffiges haben könnte.

Ich bin mit dieser Frage in den Diskurs gegangen und habe unterschiedliche Menschen aus dem Feld der Trauerbegleitung dazu befragt, unter anderem die Herausgeberin dieser Fachbuch-Reihe, Monika Müller. Sie steuerte folgendes kurzes Fallbeispiel bei, verbunden mit einer eindeutigen Einschätzung: »Ja, ich glaube, ich kann, darf und muss sogar den Anderen (nicht mehr Verfügbaren) entsöhnen. Ich erinnere mich an eine Klientin, die das sehr eindrücklich tat mit den Worten: ›Nun verstehe ich, du bist eine Gewordene und hast dir unser Verhältnis nicht ausgesucht. Ich lasse dich frei aus meinem Grimm und Nachgehen, du bist ent-schuldet, von mir.‹ Das fand ich ergreifend und nicht übergriffig.«[23]

Aus einem intensiven mehrmaligen Austausch mit Hugo Sebastian Mennemann[24] stammen folgende Ebenen, die ebenfalls deutlich machen, dass das Aussöhnen anderer möglich ist, sofern es dem tiefen inneren Wunsch eines trauernden Men-

---

23 Unveröffentlichtes Zitat aus einem E-Mail-Schriftwechsel mit Monika Müller.
24 Unveröffentlichte Mitschrift aus einem persönlichen Diskurs zum Thema (vgl. auch Mennemann, 1998).

schen entspringt. Dieser Schritt sollte etwas Erlösendes bzw. Befreiendes für den Betroffenen bzw. eine psychologische Wirksamkeit haben. Eine solche Bewegung kann und darf nicht Zielpunkt von Trauerbegleitung sein.

Beim Aussöhnen anderer gibt es fünf unterschiedliche Ebenen:
1. den anderen Menschen verstehen (die Ebene der Kognition),
2. den anderen Menschen in seinem Handeln begreifen (kognitiv und emotional, das Bewusstsein betreffend, das verändert auch mich),
3. in sich selbst eine veränderte Ordnung finden (ich arbeite an mir, ich verändere mich),
4. eine innere Zufriedenheit suchen und finden (ich-bezogen, Frieden schließen mit sich selbst),
5. den anderen Menschen aussöhnen (nach intensiver ehrlicher innerer Arbeit auf allen genannten Ebenen – auf den anderen bezogen –, auch wenn er nicht mehr lebt, auch wenn es von ihm keinen Ausgleich mehr geben kann).

Der Versöhnungsbegriff stammt vom Wort »Sühne« ab. Der Sühnebegriff hat etwas mit einer erwarteten und zu erbringenden Gegenleistung zu tun. Es geht also von der Etymologie her betrachtet um einen wie auch immer gearteten Ausgleich, sofern dieser überhaupt sinnvoll möglich ist. Wenn man nur von diesem Gedanken ausginge, dann müsste man in der Tat sagen, dass Versöhnung nur mit Menschen geht, die diesen Ausgleich selbst noch erbringen können. Wenn man sich aber von diesem Ausgleichsmodell (»do ut des«) löst, dann eröffnet das Möglichkeiten, die zwar herausfordernder, aber auch emanzipierter sind. Ich greife noch einmal auf die Fallbeispiele zurück: Im Erkennen (»sowohl als auch«) aller Anteile der Mutter, des Vaters bzw. beider Eltern, also im Erkennen und Begreifen des Gesamten, kann ich grundsätzlich Versöhnung aussprechen, ohne dass der oder die Andere zugegen ist und ohne dass die Bitte um eine Entschuldigung formuliert werden könnte. Um das jedoch tun zu können, bedarf es im Vorfeld einer intensiven Arbeit in und an mir selbst.

Wenn das geschehen kann, dann haben sich die Versöhnungsmaßstäbe nachhaltig verändert. Dann geht es nicht mehr um einen berechenbaren Ausgleich nach dem alten Talions-Prinzip »Auge um Auge« (hebräisch: עין תחת עין ajin tachat ajin), sondern dann gelingt etwas anderes. Es geht dann um das Erkennen und Begreifen des Anderen in seinem ehrlichen Bemühen im Rahmen seiner ihm gegebenen Möglichkeiten und der ihm gesetzten Begrenzungen. Statt Vergeltung kann dann Heilung geschehen – echte Versöhnung als heilende Kraft. Nun wird es so sein, dass das nicht jedem trauernden Menschen möglich ist. Es wird auch individuelle biografische Vorerfahrungen geben, bei denen es nicht angemessen erscheint, in die anspruchsvolle innere Bewegung zu gehen, die sagen kann: »Ich versöhne mich mit dir« oder sogar »Ich söhne dich aus«.

»Sich zu versöhnen ist nicht einfach gut. Es gibt Menschen, mit denen man sich nicht versöhnen mag und einen Bruch der Beziehung oder zumindest eine große Abkühlung in Kauf nimmt. Sich nicht zu versöhnen hält das Unerhörte präsent« (Kast, 2005, S. 123). Mit diesen Worten hält die Psychoanalytikerin Verena Kast ein wichtiges Plädoyer für die Unversöhnlichkeit und vermittelt damit eine weite Akzeptanz für Menschen in unversöhnlichen Situationen. Die Akzeptanz für diese Situationen ist wichtig. Luise Reddemann weist bezüglich des traumatherapeutischen Kontexts darauf hin, dass Versöhnung eine Möglichkeit sein kann, aber »kein therapeutisches Ziel sui generis« (Reddemann, 2002, S. 174).

Noch einmal: Versöhnung darf nicht das einzig angestrebte Ziel sein. Ein tiefer Versöhnungsakt muss sich für einen trauernden Menschen stimmig ereignen und ist ein Geschenk in erster Linie für trauernde Menschen, mittelbar aber auch für Trauerbegleitende. Vielleicht kann statt einer Versöhnung eine andere innere Bewegung gelingen, die mit einer ausdrucksstarken Metapher in Anlehnung an Psalm 31 sagen kann: »Ich stelle dich (und mich) in weiten Raum und vertraue dich (und mich) einer größeren Macht an, auf die ich Hoffnung setze. Ich überantworte dich (und uns) dieser Hoffnung, von der ich glaube, dass sie Tragkraft hat.« Mir ist bewusst, dass das eine Bewegung ist, die religiösen bzw. spirituell geprägten Menschen leichter zugänglich ist. Gleichwohl ist es bedeutsam, auch diesen Zugang in einem Buch zum Thema »Versöhnung in der Trauer« zu thematisieren. Dort, wo trauernde Menschen ihr Schuld-Fühlen und ihre Versöhnungsbedürftigkeit signalisieren und zugleich deutlich machen, dass sie sich als religiös definieren, halte ich es für wichtig, dass Trauerbegleitende auf dieses Signal eine wertschätzende Resonanz geben können. Es geht nicht zuletzt darum, die in einem weiten Sinn zu begreifende spirituelle Suchbewegung von Menschen einfühlsam wahrzunehmen und eine innere Bereitschaft mitzubringen, die persönliche Suchbewegung achtsam zu begleiten. Zur Haltung der Achtsamkeit gehört für mich das Bewusstsein, dass ich als Trauerbegleitender jemand bin, der achtsame Angebote macht, nicht mehr, aber auch nicht weniger.

Bei der Begleitung von Versöhnungsprozessen geht es um den guten Moment, in dem Menschen sich dem eigenen Schatten stellen und bislang verschämt verschwiegene Inhalte benennen können. Solche Augenblicke sind weder herstellbar noch zu beschleunigen. »Das Gras wächst nicht schneller, wenn man daran zieht« oder mit den Worten von Ruth Cohn formuliert: »You can't push a river, so you have to trust the process« (Cohn, zit. nach Hutter, 2014a, S. 18). Es geht darum, professionell präsent zu sein und »auf das Unerwartete innerlich vorbereitet zu sein« (Hutter, 2014a, S. 18). Hutter macht darauf aufmerksam, dass es ein wichtiger Schritt der Professionalisierung ist, »mit der Nicht-Machbarkeit dieser Schritte umzugehen« (Hutter, 2014a, S. 18).

Versöhnung bedeutet mehr als »Schuld verstehen« – Versöhnungsbegleitung als Form spiritueller Wegbegleitung

Mit diesem Kapitel kehre ich noch einmal zurück an den Beginn dieses Buches: Dort ist die Rede von der Unvermeidbarkeit, anderen Menschen etwas schuldig zu bleiben, und davon, dass es nicht zu verhindern ist, Lebenswunden zu erleiden und anderen Menschen Verletzungen und Enttäuschungen zuzufügen. Außerdem habe ich die Begriffe »Schuld« und »Schuldgefühle« aus unterschiedlicher Perspektive beleuchtet. Diese Zugänge stellen eine wichtige Hilfe zum Verständnis dar. Auch der rationale Zugang hat seine Berechtigung. Versöhnung bedeutet aber mehr als »Schuld verstehen«. Sie gründet tiefer und gelingt meist nur auf einer Ebene, die auch eine spirituelle Dimension in den Blick zu nehmen bereit ist und offen für einen ganzheitlichen Trauerprozess mit Leib und Seele ist. Daher ist für mich die Begleitung Trauernder grundsätzlich immer auch eine Form spiritueller Wegbegleitung, und zwar vor allem dann, wenn es um Schuldfragen, Schuldgefühle und den Wunsch nach Versöhnung geht, ganz gleich, auf welcher Ebene. Dazu ist es wichtig, dass Trauernde ihre Trauer als eine Gabe und Möglichkeit wertschätzen können, mit denen sie für sich neue Wege finden können. Ohne diese Wertschätzung der eigenen Trauer (ganz bewusst mit den möglichen Anteilen von Wut, Enttäuschung und Ärger) und ohne eine wertschätzende Anerkennung ihrer Bedeutung kann und wird es nicht zu einer Aussöhnung mit den Aspekten einer Beziehung kommen können, in denen Menschen notwendigerweise einander etwas schuldig geblieben sind.

Hier gilt auch die Feststellung, dass ich nur etwas ändern kann, was ich anzuschauen bereit bin. »Denn ich kann nichts ändern, was ich nicht tief innerlich annehme« (C. G. Jung zugeschrieben).

Nochmals zur Formulierung »einander etwas schuldig bleiben«. Das ist etwas ganz anderes als de facto »schuldig zu sein«. Sich selbst zu sagen »Ja, da bin ich meinem Vater, meiner Frau etwas schuldig geblieben und er/sie auch mir« ist vermutlich leichter innerlich zu integrieren als zu sagen »Da bin ich objektiv schuldig geworden« oder »Da habe ich konkrete Schuld auf mich geladen«.

Im Rahmen einer Begleitung von trauernden Menschen spielt der Begriff »Versöhnung« eine zentrale Rolle. Bevor es jedoch zur Versöhnung kommen kann, muss zunächst die Möglichkeit der »Auseinandersetzung« (dieser Begriff ist durchaus wörtlich zu verstehen: »auseinander-setzen«) mit allen Seiten einer Beziehung gegeben sein, den gelungenen und den weniger gelungenen. Das »Gesicht« der Begleitung in diesem Zusammenhang sieht folgendermaßen aus: Trauerbegleitung hat die Möglichkeit und Aufgabe, fördernd zu intervenieren und gegebenenfalls die »Erlaubnis« zu erteilen, die weniger gelungenen Teile in einer Beziehung zu benennen oder sie nötigenfalls zu beklagen.

Meinen einleitenden Gedanken zu diesem Buch habe ich die altjüdische Weisheit vorangestellt: »Das Geheimnis der Versöhnung heißt Erinnerung.« Dazu gehören offenes Anschauen, aussprechen und beklagen. Das sind Erinnerungsschritte, die eine echte Versöhnung, eine Aussöhnung erst möglich machen.

Der nachfolgende Text, der das Moment der Erinnerung explizit und wiederholend in den Blick nimmt, hat ebenfalls jüdische Wurzeln. Bei diesem Erinnerungstext geht es aber mehr um das fortdauernde Moment (immer wieder, den gesamten Jahreskreis hindurch).

»Beim Aufgang der Sonne
Beim Aufgang der Sonne
und bei ihrem Untergang
erinnern wir uns an sie.

Beim Wehen des Windes
und in der Kälte des Winters
erinnern wir uns an sie.

Beim Öffnen der Knospen
und in der Wärme des Sommers
erinnern wir uns an sie.

Beim Rauschen der Blätter
und in der Schönheit des Herbstes
erinnern wir uns an sie.

Zu Beginn des Jahres
und wenn es zu Ende geht
erinnern wir uns an sie.

Wenn wir müde sind
und Kraft brauchen
erinnern wir uns an sie.

Wenn wir verloren sind
und krank in unserem Herzen
erinnern wir uns an sie.

Wenn wir Freude erleben,
die wir so gern teilen würden
erinnern wir uns an sie.

Solange wir leben,
werden sie auch leben,
denn sie sind nun ein Teil von uns,
wenn wir uns an sie erinnern.«
(Jüdisches Gebet)

Diesen Text aus der jüdischen Tradition nutze ich gern und oft in begleiteten Trauergruppen, meistens in Zusammenhang mit einem Gruppentreffen, bei dem wir mit den Teilnehmenden mit Fotos der Verstorbenen »arbeiten«. Eine solche Methode unter Zuhilfenahme von Fotos ist mir in der Gestaltung und im Ablauf einer Trauergruppe ein zentrales und wichtiges Element. Nachdem die Teilnehmenden sich in einigen Sitzungen miteinander vertraut gemacht haben und ihre unterschiedlichen Gesichter, Empfindungen und Anteile zeigen konnten (bestenfalls mit vielen Facetten und ohne die Sorge, sich nicht vollständig zeigen zu dürfen), ist es wichtig, dass auch die verstorbenen Menschen, um die in dieser Gruppe getrauert wird, ein Gesicht bekommen. Bedeutsam scheint mir dabei zunächst zu sein, dass diese Menschen in einen wertschätzenden Blick genommen werden. Daher leite ich die Runde mit den Fotos in aller Regel mit der Frage ein: »Was bzw. wer war dieser Mensch für Sie?« Diese Frage öffnet die Möglichkeit, all das ins Wort zu nehmen, was diesen Menschen in der Beziehung zum zurückbleibenden Trauernden ausgemacht hat. Selbstverständlich werden zunächst viele positive Anteile und Eigenschaften benannt, ebenso wie die unausgefüllten Lücken, die ein Mensch im Leben von Hinterbliebenen hinterlassen hat. Dabei bleibt es aber nicht immer und das ist aus meiner Sicht auch gut so! Neben den positiven Eigenschaften und der manchmal beim Ansehen des Fotos klar ins Wort genommenen Attraktivität eines Verstorbenen (»Was hatte ich doch für einen schönen und ansehnlichen Mann!«) ist es im Angesicht dieses Menschen und in der Erinnerung an ihn häufig möglich, auch die anderen Anteile in den Blick und ins gesprochene Wort zu nehmen. Mit anderen Worten: Die so wichtige »vollständige« Erinnerung lässt es dann zu, auch die Ambivalenzen eines Menschen und einer gemeinsamen Lebensgeschichte zu artikulieren. Sofern sich in einer Trauergruppe dieses »Fenster öffnet« und eine vertrauensvolle Atmosphäre entsteht, in der auch die nicht so glatten und glänzenden Teile benannt werden können, entwickeln sich in der Gruppe oftmals ein Zutrauen und eine spürbare innere Befreiung, die es möglich machen, die Dinge zu benennen, die gegebenenfalls mit Schuld- oder Schamgefühlen besetzt sind. In der Gruppe ist das in aller Regel für alle Beteiligten eine befreiende Erfahrung, die es ermöglichen kann, im weiteren Verlauf ein weiteres »Fenster zu öffnen« und die Themen Umgang mit Schuldgefühlen und Versöhnung in eine solche Gruppe hinein zu holen.

Als Beteiligter an der Leitung einer solchen Gruppe ist es wichtig, diese Themen nicht herauszufordern, sondern eine gesicherte, wertschätzende und empathische Atmosphäre zu schaffen und zu erhalten, in der solche Themen angesprochen werden können. Es gilt an dieser Stelle vor allem, dass Begleiter/-innen von Trauergruppen vor dem Themenkreis »Schuld, Scham und Versöhnung« keine Berührungsangst haben dürfen. Im Gegenteil, sie sollten vielmehr dazu in der Lage sein, die oft zunächst noch versteckte und verständlicherweise mit Scham besetzte Bereitschaft von Trauernden, darüber sprechen zu wollen, zu erkennen und dann wohlwollend ins Leben und in den lebendigen Austausch einer solchen Gruppe zu holen. Gelingen kann dies im gut begründeten Bewusstsein und der Sicherheit, dass eine Gruppe Trauernder, die schon einen gewissen gemeinsamen Weg hinter sich hat, eine hohe wechselseitige Akzeptanz füreinander entwickelt hat. Und genau daraus wird sich ein hohes gegenseitiges Verständnis auch für solche Fragen entwickeln.

Schuld, Versöhnung und Kongruenz

Ich hoffe, dass die Lektüre dieses Buches neben der Vermittlung von Informationen auch zur Selbstreflexion beitragen konnte. Das Verstehen von Schuldzusammenhängen und eine Begleitung von Schuld, ein In-den-Blick-Nehmen von Schattenseiten und eine spürbar hilfreiche Begleitung eines trauernden Menschen – auch mit seinen Gefühlen von Schuld – werden nur dann wirklich möglich sein, wenn ich als Begleiter kongruent sein kann. Dazu bedarf es des eigenen Wissens um Schuldgefühle und unvermeidliche Schuldzusammenhänge. An dieser Stelle komme ich auf Carl Rogers zurück mit seiner Betonung der Bedeutung von Authentizität, Echtheit und Kongruenz. Ich kann in der Begleitung letztendlich nur dann dazu beitragen, dass ein Mensch seine dunklen Seiten thematisiert und seine biografischen Schuldzusammenhänge anzuschauen bereit ist, wenn ich selbst ein Verständnis meiner Schuldgefühle und meiner grundsätzlichen Versöhnungsbedürftigkeit habe. Erst dann kann ich eine Qualität von Beziehung anbieten, die im besten Fall für einen trauernden Menschen zum hilfreichen Modell werden kann. Es geht nicht um Bewertung von Schuld, sondern um das gemeinsame wertfreie Verstehen der Bedeutung von Schuld. Verstehen geht über Verständigung. Das bedeutet, dass Trauerbegleitende vor allem kongruent-authentisch in der Begleitung sein müssen. An der Kongruenz des Begleitenden kann sich die Selbstkongruenz des Trauernden entwickeln oder wie bereits erläutert: Der Begegnungs- und Verständigungsraum für den Trauernden kann nur so weit sein, wie der Begleitende innerlich weit ist. Darum ist es so wichtig, an dieser inneren Weite beständig zu arbeiten und das eigene Tun immer wieder neu zu reflektieren.

Gelingt es, in dieser Kongruenz zu begleiten – und das geht eben nur durch den Schmerz hindurch –, wird sich in vielen Begleitungskontexten mit hoher Wahrscheinlichkeit auch Versöhnung, zumindest aber etwas Versöhnliches entwickeln.

Weiterführende Adressen

Bundesverband Trauerbegleitung
c/o Marianne Bevier
BVT am Pfalzklinikum AdöR
Weinstr. 100
76889 Klingenmünster
Telefon: 05545/6990130
E-Mail: info@bv-trauerbegleitung.de
Internet: www.bv-trauerbegleitung.de

Gesellschaft für Personzentrierte Psychotherapie und Beratung e. V. (GwG)
Melatengürtel 125a
50825 Köln
Telefon: 0221/925908-0
E-Mail: gwg@gwg-ev.org
Internet: www.gwg-ev.org

Deutsche Gesellschaft für Pastoralpsychologie e. V.
Fachverband für Seelsorge, Beratung und Supervision
Sektion Personzentrierte Seelsorge (PPS)
Huckarder Str. 12
44147 Dortmund
Telefon: 0231/145969
E-Mail: info@pastoralpsychologie.de
Internet: www.pastoralpsychologie.de

Deutsche Gesellschaft für Supervision e. V. (DGSv)
Neusser Str. 3
50670 Köln
Telefon: 0221/92004-0
E-Mail: info@dgsv.de
Internet: www.dgsv.de

Dank

Die Entstehung dieses Buches verdankt sich vielfältigen Gesprächen, anregenden und teilweise sehr persönlichen Diskursen und nicht zuletzt der Offenheit von Menschen, die bereit waren, ihre eigenen Versöhnungserfahrungen zur Verfügung zu stellen.

Ich bedanke mich bei Prof. Dr. Sabine Ader, Nicole Friederichsen, Prof. Dr. Thomas Hülshoff, Karin Lorenz, Prof. Dr. Hugo Mennemann, Monika Müller, Dr. Klaus Onnasch, Gunda Reuter, Prof. Dr. Traugott Roser und Ingeborg Wahmhoff. In unterschiedlichster Weise haben sie dieses Buch mit ihren Gedanken bereichert und angeregt.

Dafür allen vielen herzlichen Dank!

Literatur

Alberti, B. (2013). Seelische Trümmer. Geboren in den 50er- und 60er-Jahren: Die Nachkriegsgeneration im Schatten des Kriegstraumas (5. Aufl.). München.
Alberti, B. (2017). Krieg, Flucht und Vertreibung. Gefühlserbschaften der Vergangenheit in der Begegnung mit Flüchtlingen heute. Wege zum Menschen, 69, 173–182.
Backhaus, U. (2017). Personzentrierte Beratung und Therapie bei Verlust und Trauer. München.
Bauriedl, T. (2005). Schuld/Schuldgefühl (tiefenpsychologisch). In P. Eicher (Hrsg.), Neues Handbuch theologischer Grundbegriffe (Bd. 4, S. 111–122). München.
Bibel (2016). Die Bibel. Einheitsübersetzung der Heiligen Schrift. Gesamtausgabe. Stuttgart.
Bierhoff, H.-W. (2017). Verzeihen. In M. A. Wirtz (Hrsg.), Dorsch-Lexikon der Psychologie (18. Aufl., S. 1795–1796). Bern.
Bode, S. (2013). Nachkriegskinder. Die 1950er Jahrgänge und ihre Soldatenväter (4. Aufl.). Stuttgart.
Domin, H. (1987). Gesammelte Gedichte. Frankfurt a. M.
Enright, R. D. (2006). Vergebung als Chance. Neuen Mut fürs Leben finden. Bern.
Fitzgerald, F. S. (1945). The Crack-Up Note-Books. http://izquotes.com/quote/394193
Flaßpöhler, S. (2016). Verzeihen. Vom Umgang mit Schuld. München.
Gestrich, C. (2005). Kriegskinder aus dem 2. Weltkrieg. Rede anlässlich des Befreiungsfestes am 08.05.2005. Ulm. http://www.ev-akademie-boll.de/fileadmin/res/otg/doku/410510_06_gestrich.pdf
Goltermann, S. (2011). Die Gesellschaft der Überlebenden. Deutsche Kriegsheimkehrer und ihre Gewalterfahrungen im Zweiten Weltkrieg. München.
Grün, A. (1992). Sich ändern lernen. Versöhnung leben und feiern. Würzburg.
Grün, A. (1997). 50 Engel für das Jahr. Ein Inspirationsbuch. Freiburg.
Hülshoff, T. (2012). Das Gehirn. Funktionen und Funktionseinbußen. Eine Einführung für pflegende, soziale, pädagogische und Gesundheitsberufe (4. Aufl.). Bern.

Hutter, C. (2014a). »Kein Sterbenswörtchen« – Vom Schutz und Schatten des Schweigens. Vortrag am am 17.05.2014 am Bayerischen Hospiz- und Palliativ-Tag in Regensburg. www.efle-beratung.de/info/info.mitarbeiter/index.html, www.efle-beratung.de/fix/files/910/doc/Kein%20Sterbensw%F6rtchen.2.pdf

Hutter, C. (2014b). Hebt den Schatz im Acker! Anmerkungen eines Familienberaters zum Thema Schuld. www.efle-beratung.de/fix/files/910/doc/Schuld.pdf

Jacobi, J. (2008). Die Psychologie von C. G. Jung. Eine Einführung in das Gesamtwerk (22. Aufl.). Frankfurt a. M.

Kachler, R. (2005). Meine Trauer wird dich finden. Ein neuer Ansatz in der Trauerarbeit. Stuttgart.

Kast, V. (2005). Wenn wir uns versöhnen. Stuttgart.

König, O. (2017). Familiendynamiken. In S. Ader, C. Schrapper (Hrsg.) (in Vorb.). Fallverstehen und sozialpädagogische Diagnostik in der Kinder- und Jugendhilfe. München.

Lenz, S. (2012). Die Burakumin – Japans ungeliebtes Volk. https://www.google.de/url?sa=t&rct=j&q=&esrc=s&source=web&cd=1&ved=0ahUKEwi6vo3Ey4_TAhUEtRQKHaXUDRoQFggjMAA&url=http%3A%2F%2Fwww.artikelmagazin.de%2Fkultur%2Fgeschichte%2Fdie-burakumin-japans-ungeliebtes-volk.html&usg=AFQjCNEWn_zJJncYT4JCVXDr2UkjB8AcZg

Ley, K. (2005). Versöhnung mit den Eltern. Wege zur inneren Freiheit. Düsseldorf u. Zürich.

Mennemann, H. (1998). Sterben lernen heißt leben lernen. Sterbebegleitung aus sozialpädagogischer Perspektive. Münster.

Mucksch, N. (1991). Klientenzentrierte Trauerbegleitung als Tätigkeitsfeld sozialer Arbeit. Münster u. Hamburg.

Mucksch, N. (1999). Freiwillige Mitarbeit in der Telefonseelsorge – Chancen und Grenzen. In M. Maaßen, T. Groll, H. Timmerbrink (Hrsg.), Mensch versteht sich nicht von selbst (S. 76–86). Münster.

Mucksch, N. (2015). Trauernde hören, wertschätzen, verstehen. Die personzentrierte Haltung in der Begleitung. Göttingen.

Müller, M., Schnegg, M. (2004). Der Weg der Trauer. Freiburg.

Müller-Hohagen, J. (2014). Verleugnet, Verdrängt, Verschwiegen. Seelische Nachwirkungen der NS-Zeit und Wege zu ihrer Überwindung (2. Aufl.). München.

Noor, M. (2017). Vergebung. In M. A. Wirtz (Hrsg.), Dorsch-Lexikon der Psychologie (18. Aufl., S. 1774). Bern.

Onnasch, K., Gast, U. (2015). Trauern mit Leib und Seele. Orientierung bei schmerzlichen Verlusten (3. Aufl.). Stuttgart.

Paul, C. (2010). Schuld – Macht – Sinn. Arbeitsbuch für die Begleitung von Schuldfragen im Trauerprozess (4. Aufl.). Gütersloh.

Reddemann, L. (2002). Imagination als heilsame Kraft. Zur Behandlung von Traumafolgen mit ressourcenorientierten Verfahren (7. Aufl.). Stuttgart.
Rohr, R. (2016). Pure Präsenz. Sehen lernen wie die Mystiker (7. Aufl.). München.
Roser, T. (2014). Sexualität in Zeiten der Trauer. Wenn die Sehnsucht bleibt. Göttingen.
Salamun, K. (1985). Karl Jaspers. München.
Samuels, A., Shorter, B., Plaut, F. (1989). Wörterbuch Jungscher Psychologie. München.
Schmucker, M., Köster, R. (2015). Praxishandbuch IRRT: Imagery Rescripting and Reprocessing Therapy bei Traumafolgestörungen, Angst, Depression und Trauer (2. Aufl.). Stuttgart.
Schröder, M.-A. (1994). Konfliktlösung zwischen Harmonieseligkeit und Eskalation. Die Wiederbegegnung von Jakob und Esau. Text aus Loccumer Pelikan. http://www.rpi-loccum.de/material/ru-in-der-sekundarstufe-1/jakob
Schulte, L. (2013). Weil Leben mehr als machen ist. Von der anderen Kraft des Glaubens. Ostfildern.
Schulz, H., Radebold, H., Reulecke, J. (2004). Söhne ohne Väter. Erfahrungen der Kriegsgeneration. Berlin.
Sievernich, M. (2005). Schuld und Vergebung. Grundthema und Anfrage. WzM, 57, 296–308.
Smeding, R. M., Heitkönig-Wilp, M. (2005). Trauer erschließen. Eine Tafel der Gezeiten. Wuppertal.
Stauss, K. (2010). Die heilende Kraft der Vergebung. Die sieben Phasen spirituell-therapeutischer Vergebungs- und Versöhnungsarbeit (4. Aufl.). München.
Stutz, P. (2011). Was meinem Leben Tiefe gibt. Schritte zum Dasein. Freiburg.
Stutz, P. (2016). Geh hinein in deine Kraft. 50 Film-Momente fürs Leben (2. Aufl.). Freiburg.
Teischel, O. (2017). Trauerspiel – Einführung in die existenzielle Filmtherapie. Göttingen.
Thimm, K. (2011). Vatertage. Eine deutsche Geschichte. Frankfurt a. M.
Ulsamer, B. (2011). Lebenswunden. Hilfen zur Traumabewältigung. Münsterschwarzach.
Wechsler, H. (1990). What's so bad about guilt? Learning to live with it since we can't live without it. New York.
Weiher, E. (2004). Die Religion, die Trauer und der Trost. Seelsorge an den Grenzen des Lebens (2. Aufl.). Mainz.
Weiher, E. (2011). Das Geheimnis des Lebens berühren. Spiritualität bei Krankheit, Sterben, Tod. Eine Grammatik für Helfende (3. Aufl.). Stuttgart.
Weingardt, B. M. (2000). »… wie auch wir vergeben unseren Schuldigern«. Der Prozess des Vergebens in Theorie und Empirie. Stuttgart.

Wells, B. (2016). Vom Ende der Einsamkeit. Zürich.
Winter, W. (2013). Bis ins dritte und vierte Glied? Schuld, Trauer, Vergebung als intergenerationales Thema der Kriegskinder des Zweiten Weltkriegs. Wege zum Menschen, 63, 307–319.
Wirtz, M. A. (2017). Dorsch – Lexikon der Psychologie (18. Aufl.). Bern.
Wolfers, M. (2013). Die Kraft des Vergebens. Wie wir Kränkungen überwinden und neu lebendig werden (2. Aufl.). Freiburg.
Zerfaß, R. (1985). Menschliche Seelsorge. Für eine Spiritualität von Priestern und Laien im Gemeindedienst. Freiburg.
Ziemer, J. (2011). Schuld und Schuldgefühle – psychologische Sichtweisen. https://pt.theol.uni-leipzig.de/fileadmin/pt.theol.uni-leipzig.de/uploads/dokumente/Ziemer_Schuld_und_Schuldgefuehle.pdf